产教融合理念下校企合作人才培养理论与实践研究

姜伟星　著

天津出版传媒集团

天津科学技术出版社

图书在版编目（CIP）数据

产教融合理念下校企合作人才培养理论与实践研究 /
姜伟星著. -- 天津：天津科学技术出版社, 2023.5
　ISBN 978-7-5742-1148-3

　Ⅰ.①产… Ⅱ.①姜… Ⅲ.①高等职业教育 – 产学合
作 – 人才培养 – 研究 – 中国 Ⅳ.①G718.5

中国国家版本馆CIP数据核字(2023)第080215号

产教融合理念下校企合作人才培养理论与实践研究
CHANJIAO RONGHE LINIAN XIA XIAOQI HEZUO RENCAI PEIYANG LILUN
YU SHIJIAN YANJIU

责任编辑：王　冬
责任印制：兰　毅
出　　版：天津出版传媒集团
　　　　　天津科学技术出版社
地　　址：天津市西康路35号
邮　　编：300051
电　　话：（022）23332377
网　　址：www.tjkjcbs.com.cn
发　　行：新华书店经销
印　　刷：石家庄汇展印刷有限公司

开本 710×1000　1/16　印张 16.5　字数 210 000
2023年5月第1版第1次印刷
定价：98.00元

前言 abstract

20 世纪 80 年代，我国开始创建职业大学，将职业人才的培养作为一项专门的教育事业。1996 年，全国人大通过并颁布了《中华人民共和国职业教育法》，从法律上明确规定了高职教育在我国教育体系中的地位，这意味着我国的高职教育进入发展的"快车道"。如今，我国高职教育已经取得诸多丰硕成果，无论是高职人才的规模，还是高职教育的师资队伍，都已与往昔不可同日而语，高职教育事业已然成为带动社会各行业快速发展转型的重要有生力量。然而，在高职教育事业喜人成果的背后，我国的高职教育也仍然存在一些不容忽视的问题。在繁荣表象的背后，高职教育实则面临诸多困难，不少问题与矛盾有愈演愈烈之势，不仅直接阻碍高职教育的健康有序发展，而且对国民经济发展也将产生不小的影响，这些问题可归纳为"五少"，即"社会少认同、法律少明细、政府少作为、办学少特色、就业少出路"。

解决上述问题的关键就在于，在全面深化教育改革的背景下大力发展高职教育，对高职教育事业的产教融合与校企合作加大支持力度。无论是政策层面、资金层面、人才层面还是设备层面，都值得政府、行业及其他有关部门高度关注。随着国家校企合作利好政策不断出台，职业教育迎来了新的发展契机。当前，职业院校探索产教深度融合、校企紧密合作的新型人才培养模式已成为新常态，应广泛推动职业院校育人标准与行业企业用人标准相衔接。

本书认为，如今社会已经发展至知识经济时代，在这样的时代背景下，人才成为主要的竞争力，只有具备大量的优质人才，才能对相关产业进行一定变革，以促进其不断更新。高职教育必须大力发展产教融合，以校企合作来推动专业技术型人才培养。因此，本书从不同的角度深刻剖析了校企合作、产教融合的难点、痛点，从企业本身特点与职业教育特点入手，分析了校企合作的切入点、利益点和结合点，提出了校企双方开展合作的理念和思路、模式和方法。全书共包含七章主体内容，分别为"产教融合概述""校企合作概述""国内外校企合作人才培养基本模式解析""校企合作人才培养理论""产教融合理念下校企合作人才培养创新实践""产教融合理念下校企合作人才培养评价体系构建""总结与展望"。本书力图从当代高职教育发展情况，当代产教融合、校企合作的理论与实践等多视角来找到未来高职学生培养的新方向和新路径。在可以预见的未来，随着国家深化产教融合的相关政策措施的陆续出台，必将构建校企合作长效机制，高职院校的人才培养事业也将踏上新的征程。

全书逻辑连贯、内容翔实、联系实际、结合时政、材料丰富、观点明确。笔者在撰写过程中参考了相关领域学者的部分论文、专著，受到了一定的学术启发。由于笔者的研究水平有限，书中难免会出现个别疏漏或不妥之处，恳请专家、同人、研究学者和广大读者批评指正！

第一章　产教融合概述

第一节　产教融合的相关概念

一、高职教育

高职教育是高等职业教育的简称，是高等教育的一种特殊类型。高职教育结合了高等教育与职业教育的双重特点，对于社会主义现代化建设具有举足轻重的意义。通过高职教育培养出的优秀人才，能够直接对接不同的专业领域，促进行业实现快速发展。

（一）高职教育的发展

我国的高职教育起步较晚，20 世纪 80 年代初批准建立的职业大学是我国高等职业教育发展雏形。1985 年实行初中毕业后五年制高等职业教育是高职办学模式的有益探索。1994 年"三改一补"发展高职教育方针的确立和 1996 年《中华人民共和国职业教育法》的颁布使高职教育步入规范化、特色化发展的轨道。1999 年《中共中央国务院关于深化教育改革全面推进素质教育的决定》将高职教育明确为高等教育的重要组成部分。如今，高职教育更是成为我国教育事业的重中之重。

20 世纪 80 年代，我国社会各项事业处于快速重建与复苏阶段，发展经济、富国强民成为这一时期的主题。而发展经济所需要的主要动力便是人才，只有具备业务水平较高的人才，才能为社会发展提供源源不断的"发光发热"的源泉。因此，在一些经济比较发达的地区开始出现创办职业大学的构想，从而缓解经济发达地区发展目标与人才紧缺的矛盾。1980年，原国家教育委员会建立了首批13所职业大学，这便是我国高等职业教育的开端。此后的几年内，我国伴随改革开放步伐的加快逐渐加强职业教育发展，如1983年发布的《关于调整改革和加速发展高等教育若干问题的意见》提出："积极提倡大城市、经济发展较快的中等城市和大企业举办高等专科学校和短期职业大学。""这一时期，由于对高职教育的人才培养目标、人才培养模式尚处于探索阶段，因而没有摆脱学科型培养模式的影响，所以高职教育没有显示出自己的特色，相当一部分职业大学不安于自己的性质，在有意无意中总是向普通高等学校靠拢。总的说来，职业大学在20世纪80年代的兴起可以看作由于高等教育的规模不足而导致的专科教育扩展的一部分，虽然它对高等职业教育进行了一定的尝试，但自己的培养规格和培养模式并不明确，高等职业教育的发展此时还处于萌芽状态。"①

1985年5月，《中共中央关于教育体制改革的决定》提出："要积极发展高等职业技术院校，优先对口招收中等职业技术学校毕业生以及有本专业实践经验、成绩合格的在职人员入学，逐步建立起一个从初级到高级、行业配套、结构合理又能与普通教育相互沟通的职业技术教育体系。"这极大地推动了我国高等职业教育的早期发展。

1990年11月，在原国家教育委员会于广州召开的"全国普通高等专科教育工作座谈会"上，专家提出职业教育"分流"意见，不过当下并未得到多数人的认可。多数学者仍然认为，职业教育也属于大学教育的重要范围，不应当"分流"。不过随着时代发展，到1995年之后，我国的高等职业教育"分流"开始逐步被提上日程。

1996年颁布的《中华人民共和国职业教育法》规定："职业学校教

---

① 张书义.我国高等职业教育发展回顾[J].南阳师范学院学报(社会科学版),2009(7):101.

育分为初等、中等、高等职业学校教育。"这表明我国的职业教育更加细化。

1998 年之后，我国高等职业教育发展进入了"快车道"，新组建的教育部高度重视高等职业教育的发展。教育部通过机构改革将原来由高教司管理的普通高专、职教司管理的高职和成教司管理的成人高教统一归并到高教司管理，在行政上理顺了高职的管理体制。由于高等专科教育、高等职业教育和成人高等教育在人才培养模式上有许多共同的基本特征，都是以培养高等技术应用型专门人才为根本任务，因此教育部提出了"三教统筹、协调发展"的思路，即三者都要按照培养高等技术应用型专门人才的共同宗旨，互相学习、共同提高、协作攻关、各创特色。至此，高等职业教育开始进入大发展时期。

进入 21 世纪，我国的高等职业教育进入发展繁荣的重要时期。从招生数量来看，2005 年我国高等职业院校在校人数已突破 700 万人，占据高等教育整体的"半壁江山"。

在社会主义现代化发展的新时代，我国高职教育实现更大突破。2015 年，我国高等职业教育在校生首次突破 1000 万人，达到 1006.63 万人。截至 2022 年 5 月 31 日，全国高职（专科）院校达 1489 所，同年 6 月的高职院校毕业生也已接近 500 万人。总之，多年来我国高等职业教育改革发展成效斐然。从明确职业教育定位职责到加快现代职业教育体系顶层设计，从全面深化产教融合校企合作到主动服务经济社会发展，从助力"人人成才"到服务"人人出彩"，我国职业教育在新时代取得历史性成就，实现跨越式发展。

（二）高职教育的特点

高职教育的特点与其教育的方向与侧重点具有紧密联系。

1. 高职教育定位明确

高职教育发展之初就已经具有明确的定位，瞄准明确的方向持续发力，即培养促进社会发展的实践应用人才。

客观现实方面。在经济全球化的今天，企业人才需求层次高移的问题愈演愈烈。国际、国内竞争要求企业综合实力不断提升。企业人才需求层次高移的客观现实，迫切需要高职教育培养更多的高技能专门人才，来推动企业的发展，并使之在激烈的市场竞争中独树一帜。

社会需求方面。我国经济快速发展，但科技成果转化率较低，导致我国高技能型人才资源短缺，因而迫切需要一大批动手能力强的高技能型人才。

就业导向方面。高职教育中，依据用人单位岗位需求来培养学生，"产教融合"实现了高职教育与社会需求接轨，同时也缓解了毕业生就业竞争的压力。高职教育在学生与用人单位之间发挥"桥梁纽带"作用，以服务为宗旨，以就业为导向，更贴近社会需求，为社会培养了更受欢迎的高技能专门人才。

2. 高职教育注重实践

高职教育的目的在于培养大量实践应用型人才，因此其教学活动以实践为主，重操作、重应用，着重提升学生群体解决实际问题的能力。这在教学过程的多个方面都有所体现。例如，教学计划偏重实践性。我国高职专业开设的科目多，又有各自的特点，高职理论教学与实践教学的比例根据实际情况灵活地分配。对于多数学校来讲，其教学计划中关于实践的要求和任务更加丰富。又如，教学方法注重实践性。教师注重实践教学的过程，积极采用启发式教学、讨论式教学、现场教学和模块式教学等多种教学方式，引导学生独立思考，培养学生的独创能力。同时，实践前后还要求学生牢记要点，仔细观察、分析、研究，并进行实践总结，等等。

（三）高职教育的意义

自 20 世纪 80 年代以来，我国的高等职业教育已经走过了 40 余年，尤其是近几年，高职教育的作用明确显现，为社会提供了大量的优秀专业性人才，实现了多行业人才结构的合理优化与分配，促进产业结构升级调整，缓解就业压力，是推动我国经济社会和谐发展的重要途径。

首先，高职教育有利于高等教育的公平化发展。教育公平是国家教育事业发展的重要规范与原则，更是教育事业发展的归宿，如果教育丧失公平，那么会导致社会教育资源严重倾斜，受教育群体的个人权益受到侵害。因此，教育公平是符合个体发展与社会发展的重要方面。多年来，我国高等教育事业蓬勃发展、如火如荼，但是高职教育作为其中的一个分支，在前些年的发展速度明显不如普通高等教育。对于文化课程成绩较差却具备较强创新能力与动手能力的学生而言，这显然不公平。大力发展高等职业教育，能够让更多的学生有学上，即使学生自身文化课程水平不高，但是只要愿意学习，也可以找到适合自己的专业方向，并且学习一技之长，从而促进自身就业与未来发展。总之，高等职业教育作为高等教育的重要类型，是面向社会各个方面、各个阶层，面向大众的重要教育形式，更加有利于实现教育事业的公平化发展，为人们提供相对公平的教育机会与教育资源。

其次，高职教育有利于促进和扩大就业。我国疆域辽阔、人口众多，虽然改革开放以来已经取得诸多领域的新进展与新突破，但是面对较高的人口基数，就业市场已面临饱和。如今社会最紧缺的便是专业技术型人才，然而国内人才构成较为单一，绝大多数为本科学术型人才，这显然并不利于多样化就业。面对大量的剩余劳动力，我们必须妥善解决他们的就业问题。发展高职教育，培养学生的实践能力，能让他们有一技傍身，从而更加顺利地进入工作岗位。长此以往，高职教育会促进和扩大就业，保持社会稳定，从而推动社会进步与发展。

再次，高职教育有利于实现新型产业结构的调整。改革开放以来，我国经济快速发展，各行各业迅速崛起并进入转型时期。早期经济发展的优势在于大量廉价劳动力，如今传统经济模式已经不再适应社会的创新与发展，一些社会弊病开始显露出来。部分行业如果仍然按照传统的方式发展，那么很可能会受到发展限制，无法获得相应领域的进一步突破。而高职教育能够培养出大批专业技术人才，他们学成并参加工作之后，能够在各个岗位展现自身优势，从而带动行业发展，实现新型产业结构的优化调整。

最后，高职教育有利于推动农村劳动力转移。工业化是城镇化的巨大推动力量。由于一国的工业化进程会导致其产业结构的调整与转型，再加上农村推力和城镇拉力的共同作用，就必然会引起人口由农村向第二、第三产业比较集中的城镇流动和聚集。生产力的发展导致了产业结构的变化，产业结构的变化为农村人口的迁移创造了前提，迁移使这部分农村劳动力转换了生产部门，从而引发他们职业的改变，从事的职业发生变化要求这部分转移劳动力在进入新的生产部门前必须掌握一定的生产技能，才能更好地与其他生产要素相结合，并最终实现他们稳定而有效的转移。高职教育不仅能够让学生掌握科学文化理论知识，而且更注重对学生实际操作技能和职业能力的培养。从这个意义上看，高职教育相比于普通的高等教育，与国家产业结构的调整和转型有着更加直接而密切的联系。

二、产教融合的内涵

自 2011 年教育部等九部门在《关于加快发展面向农村的职业教育的意见》中提出"促进产教深度合作"的要求之后，我国的产教融合便进入了正式发展的阶段。简单来说，产教融合就是指产业与教育深度协同合作，从而促进高质量人才培养。不过近年来学者们对于产教融合也各有其不同的看法与观点。在研究产教融合的概念之前，有必要对其中所包含的"产"与"教"分别进行界定。

（一）"产"与"教"

"产"与"教"二字，构成了产教融合的主体。想要深刻明晰产教融合的目的与归宿，就必须要先明确了解"产"与"教"各自的内涵。

1."产"

"产"，此字初文始见于战国金文，本义指人或动物生子、生育，引申为物质或精神财富的创造，又引申为自然界拥有并提供给人类的东西，又指生产或出产的物品，作名词时指产业、财产。在产教融合这一词汇中，"产"应取产业之意，特指实际存在的各项产业。不过，产业亦有广义与狭义的区分，广义的产业泛指一切从事生产物质产品和提供劳务活动的集合体，即国民经济的各行各业。从生产到流通、服务以至文化、教育，大到部门，小至行业都可以称为产业。狭义的产业指生产物质产品的集合体，即工业部门。我们常说的产业一般是指广义的产业。因此，产教融合的"产"就是指社会中的各种产业，是从宏观层面进行考量的。

2."教"

"教"，本义就是教育、教导的意思，在产教融合中，"教"特指职业教育。

（二）产教融合的界定

在明确"产"与"教"各自的含义后，我们可以对产教融合的界定有更加清晰的认知。虽然目前学术界尚无产教融合的统一定义，但是众多学者根据自己的专业，进行深入研究，提出不同的看法。

最早给产教融合下定义的当属无锡职业技术学院，该校在探索提高学生实习质量的过程中，提出"产教融合化"，即"千方百计寻求与生产实习紧密结合的产品，以提高学生的质量意识、产品意识、时间观念及动手能力"。此后，关于产教融合的界定逐渐多了起来。

陈年友、周常青、吴祝平认为，产教融合的本质是职业教育与产业的深度合作，目的是提升人才培养质量，内在动力是技能型人才的本质要求，企业动力是提高生产效率，具体内容是"五个对接"[1]。

王丹中从高职教育产学研结合的相关概念入手，从基点、形态、本质三个维度对产教融合的内涵进行了深入的探讨：产教融合的基点是其所在区域、形态应根据需求自动生成，本质是再社会化[2]。

杨善江认为，在产业深度转型的背景下，产教融合作为现代职业教育发展的必由之路，具有双主体性、跨界性、互利性、动态性、知识性和层次性六个主要特征，广度、深度、力度是推进产教融合不可或缺的三要素[3]。

根据以上学者关于产教融合的不同界定，本书认为，产教融合是符合时代发展与人才培养需求的重要教育模式，其重点就是要促进职业教育与产业深度合作，其内在动力就是技能型人才的本质要求。产教融合关联学生、学校、企业乃至社会等方面，对于每个相关方面来说，产教融合是一个共赢互利的多元机制。尤其是学生群体，可以通过产教融合，有效提升自身专业能力，为将来立足社会提供充分的保障。

---

[1] 陈年友，周常青，吴祝平. 产教融合的内涵与实现途径 [J]. 中国高校科技，2014（8）：40-42.

[2] 王丹中. 基点·形态·本质：产教融合的内涵分析 [J]. 职教论坛，2014（35）：79-82.

[3] 杨善江. "产教融合"的院校、企业、政府角色新探：基于"三重螺旋"理论框架 [J]. 高等农业教育，2014（12）：2.

第二节　产教融合的发展与现状

一、产教融合的发展

　　产教融合这一词汇虽然出现于 21 世纪，但是关于产业与教育相结合的发展理念和实践，却是在中华人民共和国成立之初便已经出现。"产教融合是职业教育发展的根本方向，在历史的发展过程中经历了一个长期的、不断发展的历史演进过程。在不同的历史发展阶段，我国职业教育产教融合有不同的发展表述及发展内涵。"[①]

　　我国高职院校产教融合的发展历程如图 1-1 所示。

[①]古光甫，邹吉权.新中国 70 年职业教育产教融合政策变迁逻辑与发展理路 [J].成人教育，2020（8）：59.

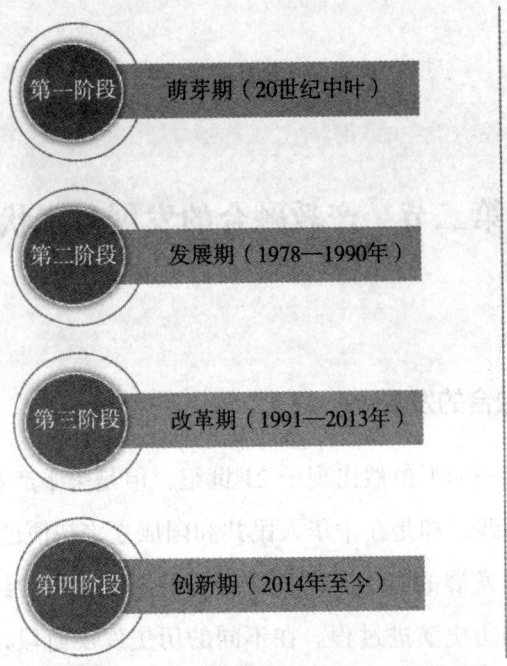

第一阶段　萌芽期（20世纪中叶）

第二阶段　发展期（1978—1990年）

第三阶段　改革期（1991—2013年）

第四阶段　创新期（2014年至今）

图 1-1　我国高职院校产教融合的发展历程

（一）萌芽期（20世纪中叶）

中华人民共和国成立之初是我国产教融合事业的萌芽期，社会百废待兴，教育事业也要"从头开始"，这时我国学习借鉴苏联等欧美国家的经验，以期快速实现教育事业的复苏。为了快速充实人才队伍，"重拾"人才优势，我国调整原有的教育体制，改变人才培养模式，初步确立"职业学校要为工农广泛开展社会服务，教育要为国家社会主义经济建设发展服务"的教育方针。

1952年，政务院印发《关于整顿和发展中等技术教育的指示》，明确指出"支持教育管理机构、地方政府、相关单位、主要厂矿机构、各企业及各社会农场合作共办"①。1958年，中共中央、国务院印发《关于教育工作的指示》，强调要支持大型厂矿、行业企业、合作企业等单位积极参与职业学校办学，确立职业教育校办工厂（或农场）的产教结合办学新模式。

（二）发展期（1978—1990年）

1978年改革开放意味着我国产教融合进入快速发展期。当年是我国恢复高考的第二年，专科教育随之恢复。这一时期许多青年并未接受过比较系统化、体系化的教育，各领域各岗位的员工都比较短缺，快速培养一批能够胜任岗位、能够完成工作要求的员工成为一件十分重要的事。因此，1979年原国家劳动总局颁布《技工学校工作条例（试行）》（以下简称《条例》）。该《条例》提出："职业学校教学应大力与社会实际生产劳动相结合，努力培养学生的专业实践应用能力。"该《条例》明文规定我国职业教育的侧重问题，并格外强调了学生的实际操作技能与社会生产实践的重要作用，在一定程度上推动了职业教育产教融合的发展。

1985年中共中央颁布《关于教育体制改革的决定》，明确指出鼓励集体、个人和其他社会力量办学，提倡各单位和各部门自办、联办或与教育部门办各种职业技术学校。

1989年原国家劳动部印发《劳动部关于技工学校深化改革的意见》，明确提出技工（技术）学校要深入实施院校专业教育和社会生产实际相结合，加强对学生的专业基础基本知识及专业技能方面的培养。

可见，这一时期我国产教融合的发展取得多项突破，相关政策与文件十分丰富，这共同为产教融合开辟了良好的政治环境与社会环境。

---

① 彭莉洁.职业教育产教融合的历史演进、逻辑起点与战略要点[J].教育与职业，2019（3）：19-25.

（三）改革期（1991—2013 年）

经过一段时间的快速发展，我国的产教融合事业已经到达一定的高度，但是传统的发展模式已经无法完全适应全新的时代特性。因此，20世纪90年代开始，我国的产教融合事业进入改革探索期，这一时期转型与创新成为主流，只有真正适应时代的潮流，才能够真正促进行业持续发展。

1991年，国务院印发的《关于大力发展职业技术教育的决定》指出，在发展职业技术教育过程中，要大力倡导工学结合、产教结合，企业支持并配合各类职业技术学校和培训中心实习活动，秉承职业技术教育"大家来办"的方针，发展企业、行业、事业单位的联合办学，职业教育要积极为区域经济发展服务，在农村要重视办好直接为农林牧业服务，特别是与发展粮棉油生产有关地专业，在城市要根据国家产业政策加强技术工人的培养。

1993年，中共中央、国务院印发《中国教育改革和发展纲要》，提倡校企联合办学，走产教结合的发展之路，逐步做到以厂（场）养校。该文件的颁布，标志着我国职业教育产教结合正式进入一个新的改革探索期，也表明国家已经意识到需要进一步丰富职业教育产教融合的内涵。

1995年颁布的《关于开展建设示范性职业大学工作的通知》中首次出现"双师型"教师，这要求教师既具备教学能力又要具备实践能力，为产教融合的发展提供一定的师资支撑。此后的几年间，我国又出台许多相关文件，对"双师型"教师进行了研究，如1997年《关于高等职业学校设置问题的几点意见》，1999年《关于深化教育改革全面推进素质教育的决定》，2000年《教育部关于加强高职高专教育人才培养工作的意见》等。2002年，《关于加强高职（高专）院校师资队伍建设的意见》进一步对"双师型"教师做出论述，这极大地提高了"双师型"教师的知名度，推动了"双师型"教师队伍发展。而伴随"双师型"教师愈发完善，产教融合的进程也得到明显的推动。"2004 年，教育部印发《教育部关于以就业为导向深化高等职业教育改革的若干意见》，要求区域内社会行业企业积极参与职业学校订单式人才培养，全面配合职业学校人才培养方案制定工作，开创了职业教育产教结合的人才培养新模式，丰富了我国职业教育不断发展的内涵。"[1]"2005 年，国务院印发《国务院关于大力发展职业教育的决定》，提出职业院校大力创新工学结合、校企合作的人才培养发展新模式，并指出广泛依靠社会行业企业发展职业教育，开展半工半读、工学交替教育试点，推动职业院校与企业的密切结合，并给予参与企业相应税收优惠政策；对社会行业协会及行业企业主管部门提出了大力开展职业教育和职业培训工作的新要求。"[2]"2010 年，国务院印发《国家中长期教育改革和发展规划纲要（2010—2020年）》，指出将职业教育发展纳入国家产业发展规划及社会经济规划当中，进一步建立健全政府统筹主导、行业指导、企业全程参与职业教育的联合办学机制，进一步推进职业教育校企合作法治化、制度化，鼓励企业行业加大对职业教育办学的投入力度。"[3]

2013 年，中国共产党第十八届中央委员会第三次全体会议通过《中共中央关于全面深化改革若干重大问题的决定》（以下简称《决定》）。《决定》对社会主义新时期的各领域改革做出明确而清晰的指示，其中，对职业院校的改革发展也有相关决议，要求大力开展产教融合、校企合作。这也是产教融合事业的发展首次在国家层面被提及，这深刻彰显了

---

[1] 古光甫，邹吉权.新中国 70 年职业教育产教融合政策变迁逻辑与发展理路 [J].成人教育，2020（8）：60.

[2] 古光甫，邹吉权.新中国 70 年职业教育产教融合政策变迁逻辑与发展理路 [J].成人教育，2020（8）：61.

[3] 古光甫，邹吉权.新中国 70 年职业教育产教融合政策变迁逻辑与发展理路 [J].成人教育，2020（8）：61.

产教融合已经成为我国教育事业的重要组成部分。

（四）创新期（2014 年至今）

2014 年之后，我国产教融合事业进入创新发展阶段，在全面深化改革的背景下，教育领域也产生了诸多明显的转变，这在我国东南沿海发达城市尤为凸显，如上海、浙江、南京等地的高职院校已经在产教融合领域向内涵质量发展型转变。

进入"十三五"时期，我国经济社会进入高质量发展阶段，进一步强化了我国高等职业教育发展顶层设计，并且有关部门开始制定校企合作与产教融合相关的诸多法律法规与政策意见。"2017 年 10 月，党的十九大报告明确提出深化区域社会行业企业与地方职业院校的产教融合的实质内涵。2017 年 12 月底，国务院又印发《国务院关于深化产教融合的若干意见》，促进职业教育资源和区域社会产业联动发展。"[①]2019 年 1 月，国务院印发的《国家职业教育改革实施方案》提出，到 2022 年培育数以万计的产教融合型企业，推动建设 300 个具有辐射引领作用的职高水平专业化产教融合实训基地。总之，"产教融合"在这一时期广泛出现于我国的政策性文件中，成为各行业十分常见的名词，在高等职业教育领域中发挥着愈发重要的作用。

二、产教融合的现状

虽然我国产教融合起步晚于欧洲国家，但是在社会主义现代化发展的新时期，我国产教融合取得诸多成绩，产教融合新型教育模式已见成效，多家地方高职院校逐渐形成了自身的特色发展形式，如"职业学校院系＋科技园区""职业学校专业＋行业企业协会""职业学校专业＋龙

---

① 古光甫，邹吉权.新中国 70 年职业教育产教融合政策变迁逻辑与发展理路 [J].成人教育，2020（8）：61.

头企业产业＋企业联盟"等。

（一）我国高职院校产教融合的基本模式

新时代，我国经济稳步发展，随着应用型技能人才的社会需求增加，高等职业教育也迎来了黄金发展时期。总结高职院校产教融合发展的常见模式尤为必要。

目前我国高职院校产教融合的常见模式有校企技术合作模式、项目科技攻关模式、现代化学徒制模式和集团式职业教育模式。

我国高职院校产教融合基本模式如图 1-2 所示。

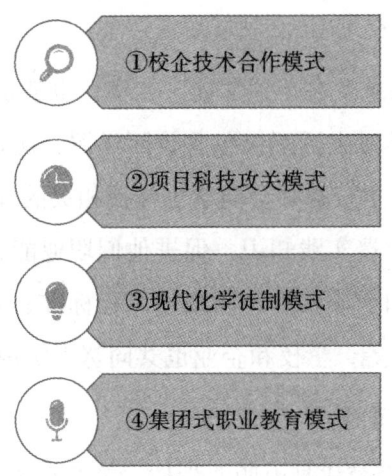

①校企技术合作模式

②项目科技攻关模式

③现代化学徒制模式

④集团式职业教育模式

图 1-2　我国高职院校产教融合基本模式

1. 校企技术合作模式

校企技术合作模式是学校和企业资源优势互补的一种形式，高等教育机构与企业，特别是与中小企业合作，构成工程和技术发展中心、教师技术工作室。在这一模式下，学校和企业根据各自的优势合理地划分技术任务，以便在合作项目的不同阶段更合理地分配技术资源。在这样的模式下，企业可以获得学校科研技术成果，而学校也能够以企业为平台，提升学生的实践能力与操作能力。

2. 项目科技攻关模式

项目科技攻关模式是高等教育机构与企业联合建立国家政府公布的生产研究与发展合作项目模式，这种模式要求学校与企业协同合作，共同进行项目研究与技术升级，从而有力促进产业结构转型与创新。在研究的过程中，也能够有效提高学校教师的实践能力，同时，还能够促进企业的产能提高，更能够让学生提前参与工业前沿项目，获得充分的实践经验。

3. 现代化学徒制模式

现代化学徒制的重点在于"学徒"二字，也就是学生既是受教育者，也是学徒。他们的学习生活不仅包含校园学习，还包含内容丰富的实践能力培养。一方面，学校教师会向学生传授相关的理论知识；另一方面，企业教师会向学生传授实践知识，促进他们职业能力不断提高。在这种模式下，学校教师和企业教师共同制定课程标准、人才培养方案、人才学习监测和评价机制等，学校和企业也共同努力实现一体化。

4. 集团式职业教育模式

"集团式职业教育模式是由职业学校、工业企业和其他机构组成的一个教育小组，目的是交流资源、互补优势和共同发展。"[①]这种模式主要包含六个类别，分别为政府机构、工业组织、企业、培训机构、研究机构和社会组织等。成立小组之后，各组织可以提供相关领域的专业咨询，共同商讨相关方案。

---

① 於泽明. 谈高职院校产教融合的发展现状及策略 [J]. 辽宁师专学报（社会科学版），2021（2）：99.

（二）我国高职院校产教融合的发展概况

目前我国职业教育已经有了比较雄厚的基础，许多省份的高职院校都在产教融合领域有所发展。在诸多省份之中，走在前列的当属广东省。在 2008 年，广东机电职业技术学院前院长刘惠坚教授率先提出了"校企双主体"人才培养模式的理念。经过十几年的发展，如今广东省多所高职院校深入推进产教融合建设，其中部分院校曾被评为国家师范类院校，带动了当地其他高职院校的产教融合发展，并且给其他地区高职院校提供了发展的良性示范。2017 年国务院办公厅《国务院关于深化产教融合的若干意见》，明确提出要"强化企业重要主体作用"，提出深化产教融合的主要目标是逐步提高行业企业参与办学程度，健全多元化办学体制，全面推行校企协同育人。2019 年国务院印发《国家职业教育改革实施方案》（职教 20 条），对深化产教融合、校企合作提供了新的政策支持和引导措施。"职教 20 条"强调促进产教融合、校企"双元"育人，坚持知行合一、工学结合，推动校企全面加强深度合作，打造一批高水平实训基地，多措并举打造"双师型"教师队伍。

1. 发展成果

在党中央与教育部门的高度重视下，近年来我国高职院校产教融合事业取得了快速发展。发展成果主要体现在以下方面。

首先，产教融合的政策支持逐步完善。政策是实践活动持续推进的先导。在良好的政策空间内，产教融合的发展将会获得有力的政策保障，与之相关的一系列具体活动都更加畅通，无论是信息的上传下达，还是产教融合活动的创新改革，都会获得有力支持、游刃有余；反之，如果政策不够健全，政府支持力度不足，那么产教融合的推进必将难以落实，从而阻碍高职院校学生群体应用实践能力提升。从国家层面来看，自 2010 年起，我国产教融合相关的政策持续完善。例如，2010 年教育部将"工学结合、校企合作"写入《国家中长期教育改革和发展规划纲要（2010—2020 年）》中；2015 年的《中国制造 2025》中鼓励"校企合作，培养制造业急需的科研人员"。之后的几年间，我国更是出台了大量与产教融合相关的文件，这意味着我国产教融合的改革与创新已然进入"深水区"，这为各学校的具体发展实践提供了十分可靠的政策保障。此外，不仅在国家层面有诸多政策文件，在具体的省份和城市，政府也出台了许多相关的指导意见，如"湖南省人民政府办公厅于 2018 年 12 月发布了《关于深化产教融合的实施意见》（湘政办发〔2018〕82 号），该实施意见从总体要求、发展目标、具体举措等方面为高校产教融合改革提供了方向，从强化区域统筹、企业主体参与、深化人才培养改革、强化保障支持等方面制定了相关政策，并对重点任务进行了具体分工"①。

其次，产教融合的实践形式逐渐丰富。产教融合产生之初，国内多所高职院校的开展形式都比较单一，即使是在经济发达的长三角与珠三角地区，也是按照常规的技术培养方式来进行。随着各界对于产教融合研究不断推进，以及高职院校与各方企业广泛协作，如今的产教融合形式愈发多样，许多学校已经打破了传统的产教融合形式，不断推陈出新，开创出十分丰富的形式"集合"。早期的单一校企协作模式已经发展为多种教学模式，包括校企技术合作模式、项目科技攻关模式、现代化学徒制模式、集团职业教育模式等。许多高职院校不仅巧妙联合各方企业，在校内引进企业管理人员，为学生开展宣讲活动，使其开阔眼界、增长见识，而且积极构建学生进入企业的实习通道，既实现了"引企入教"，又实现了"引教入企"。例如，湖南城市学院实行"校外企业＋校办企业"双轮驱动的产教融合战略，校内依托 6 家校办企业资源建设学生校内实

---

① 罗成翼，王琦.湖南省应用型本科高校产教融合发展现状、问题及对策研究 [J].当代教育论坛，2020（6）：87.

习（训）基地和"双师双能"型教师培育平台，校外与多家大中型企业和政府部门紧密联系，掌握企业行业发展动态，了解应用型人才培养要求，助力学校人才培养供给侧改革。又如，邵阳学院探索实施"双元制"培养模式，与企业联合成立了湘窖生态酿酒学院、怀仁大健康产业学院等5所"产业学院"，在人才培养、技术创新、产品研发、成果转化等领域开展深度合作。

再次，产教融合的科研力度显著提升。从表层来看，产教融合指的是企业与学校的二元融合与发展，但事实上产教融合与科研活动也是分不开的，在一定程度上，产学研共同构成学生实践能力提升的重要途径。近年我国多所高职院校已经逐渐明确科研活动的重要意义，在注重实践教学的同时，也十分重视科研开发，以科研作为教学活动与实践活动的"指向标"和"催化剂"。许多高职院校都开始着重强调科研能力的作用，要求"以研促产""以产带研"，实现教育事业的协调发展，进一步提高产教融合的实践效率。

最后，产教融合的师资队伍有效优化。师资力量是教育活动的"主力军"，优秀可靠的师资队伍是产教融合创新发展的前提与保障。20世纪后期，我国的产教融合的师资力量尚不完善，部分教师只具备一定的教学能力，在实践与创新方面知之甚少，无法促进学生实践应用技术的有效提升。经过改革开放后40余年的发展，伴随越来越多的教师专业发展规定的出台，教师群体也在专业化发展的征程中获得了质的提升。"双师型"教师已经成为主流的呼唤，许多高职院校选拔教师的标准不再是单一的学历考评，而是要求教师既要具备一定的教学能力，又要具备一定的职业资格，从而帮助学生在实践领域获得更多的提升。

2. 相关文件

在产教融合事业几十年的风雨历程中，党中央和有关部门出台了大量文件以及多项相关规定，这为产教融合事业的发展与革新铺平道路。我国近年产教融合相关文件汇总如表 1-1 所示。

表 1-1　产教融合相关文件汇总

出台时间	出台部门	文件名称
2010.7	国务院	《国家中长期教育改革和发展规划纲要（2010—2020 年）》
2015.5	国务院	《中国制造 2025》
2015.7	教育部	《深化职业教育教学改革全面提高人才培养质量的若干意见》
2015.11	教育部等	《关于引导部分地方普通本科高校向应用型转变的指导意见》
2017.1	国务院	《国家教育事业发展"十三五"规划》
2017.10	党中央	《决胜全面建成小康社会、夺取新时代中国特色社会主义伟大胜利》
2017.12	国务院办公厅	《关于深化产教融合的若干意见》
2018.2	教育部等	《职业学校校企合作促进办法》
2019.4	国家发展和改革委员会等	《建设产教融合型企业实施办法（试行）》
2019.9	国家发展和改革委员会等	《国家产教融合建设试点实施方案》
2020.8	教育部、工信部	《现代产业学院建设指南（试行）》

3. 有待完善

在我国产教融合的诸多喜人成绩的背后，也存在一些不尽如人意的方面，这需要有关部门提起高度重视，并为之制定针对性的举措，以促进高职院校产教融合事业攻坚克难，实现进一步发展。

首先，管理机构不够健全，这导致学校的管理活动可能会出现混乱的情况。例如，"高职院校存在没有单独设立产教融合管理机构或专职管理人员严重不足的现象。国内多数高职院校没有设立学校层面的产教融合管理委员会，产教融合管理工作由教务处或科技处代管，而教务处与科技处常规管理业务繁重，产教融合管理工作只能成为上述部门的辅助业务。也有部分高职院校单独成立了校企合作、产教融合管理机构，但因机构与二级学院平级，且非年度绩效考核指标核心部门，统筹协调推进产教深度融合的号召力不足"①。

其次，校企目标导向存在差异。产教融合虽然是学校与企业的协同合作，但是由于二者的定位不同，所以其根本目标与发展主旨也不相同，而不同的发展目标有可能会导致校企双方存在意见方面的分歧，久而久之，不仅会限制解决问题的速度，甚至阻碍职业教育的发展与创新。具体来看，企业的目标是在尽可能短的时间内获得更多的经济效益，而学生学习水平与长远发展并不是他们最关切的问题；学校的目标是促进学生各项能力综合提升，让学生成为满足社会需求的专业人才。这种差异势必导致校企双方产生矛盾，对于产教融合的进一步发展产生一定的反作用。

最后，学生群体对于产教融合存在抵触情绪。在常规的视野中，学生的"本分"是学习，许多学生误以为产教融合就好比"进厂拧螺丝"，他们根本没有真正意识到实践活动的价值与作用。而且，"有些高职学生还寄希望于通过高职升本考试重新回到普通高等教育的轨道，同时这些学生由于缺少高职入学前的职业教育，所以对自己所学专业毕业后所要从事的工作缺少了解，对自己的职业生涯没有清晰的规划，到企业实习后，感觉现实工作和自己的理想工作相差太大，对参加产教融合并最终成为蓝领工人不感兴趣，甚至还有抵触情绪"②。此外，还有些学生甚至会

---

① 宣慧.高职院校产教融合模式发展现状研究[J].中国市场，2020（18）：174.
② 叶帅奇，蔡玉俊.产教融合现状反思与改革路径[J].职业技术教育，2019（21）：29.

认为学校将自己送进企业是推脱义务的表现，认为参与企业实践只是浪费时间。这种消极的观点和态度对于产教融合的内涵式发展具有一定的阻碍。

（三）我国高职院校产教融合的优秀案例

目前我国高度重视通过产教融合提高人才培养质量这一发展路径，诸多高职院校在该领域取得丰硕成果，开创了创新技术型人才培养高地，为社会输送了大量优秀人才。

1. 广东科学技术职业学院

广东科学技术职业学院是经广东省人民政府批准、教育部备案的全日制专科层次普通高等院校，是"国家示范性高职院校建设计划"骨干高职院校立项建设单位、国家现代学徒制试点单位、建设行业技能型紧缺人才培养培训工程试点高校，被列入第三类高水平专业群建设单位（B档）。

该学院大力发展产教融合，截至 2017 年 4 月，学院建有校内实训基地 70 多个、实训室 240 多个，校外实习实训基地 800 多个；建成中央财政支持实训基地 4 个，省级高职教育实训基地 6 个，省级大学生校外实践教学基地 6 个，省级公共实训中心 2 个，珠海市重点实验室 1 个，珠海市公共实验室 1 个。改学院是国家科技部、省科技厅、教育厅、人事厅认定的"国家级星火培训基地""广东科技人才基地""广东省中职学院教师继续教育基地""广东省专业技术人员继续教育基地"。

2. 石家庄职业技术学院

石家庄职业技术学院（石家庄开放大学），系原石家庄大学，创建于 1984 年，是国家优质高等职业院校、国家现代学徒制试点单位、国家示范性职业教育集团（联盟）培育单位、"中国特色高水平高职学校和专业建设计划"高水平专业群建设单位。

学院突出高职办学特色，持续推进校企合作、产教融合，在双主体协同办学，共建职教集团、产教联盟、协同创新中心、技术创新中心、产业学院、产业技术研究院、生产性实训基地、大师工作室等方面进行了卓有成效的探索。近年来，改学院获得产教融合、校企合作方面的高水平成果近 50 项，其中包括国家教学成果奖、国家现代学徒制试点、中国特色高水平专业群、国家示范性职教集团、国家职业教育教师教学创新团队、国家职业教育示范性虚拟仿真实训基地等成果 17 项，成功入选国家教育部门 2021 年产教融合校企合作典型案例 3 个，通过《中国职业技术教育》《教育与职业》等媒体推荐典型案例 10 余个，出版研究著作 3 部，开展相关研究课题 60 余项。

早在 2004 年，石家庄职业技术学院就与河北新龙科技股份有限公司（现河北新龙科技集团）合作办学，成立软件学院，在全国率先开展校企深度合作。经过近 20 年的建设与发展，在"产学研用训"培养模式探索、校企融合治理体系建设、"双师型"教学团队建设、企业主导的实训体系建设等方面取得了突破性成果，完成国家职业教育研究院"基于产教融合的多元主体协同办学研究"项目。2021 年，基于 IT 产业岗位的"九级人才培养标准"项目获河北省教学成果二等奖。

如今，石家庄职业技术学院更是以职业教育集团为依托，探索现代学徒制双主体育人培养模式，并且努力开创校企生产性实训基地，以促进"产学研用训"一体化发展。

3. 山东经贸职业学院

山东经贸职业学院是经山东省人民政府批准、教育部备案的具有高等学历教育招生资格的省属公办全日制普通高等学校。学院下设会计系、工商管理系、商务工程技术系、国际商务系、财政金融系、科学与人文系和继续教育中心 7 个院系。

学院秉承"一切为了学生成才"的办学宗旨，以就业为导向，走产学研结合发展道路；大力实施"内引外联，虚实结合"的工学结合人才培养模式，积极推行项目化教学模式改革，大力推进以职业能力为核心的课程体系和"1+X"证书制度建设；强化校企合作和实践教学，积极推进素质教育，突出学生综合素质培养，面向现代服务业，培养财经商贸类高素质技术技能人才。

自 2020 年开始，山东经贸职业学院外贸类专业与海程邦达国际物流有限公司合作共建混合所有制校内生产性实训基地，共同开发了"捷报－校企订单系统"，推进形成校企"师资共同体"，开展校园"启明星"计划，实现产教深度融合。基地承担着学院关务与外贸服务、国际经济贸易、跨境电子商务、商务英语等专业学生校内实习实训工作，同时承担着海程邦达国际物流有限公司关务部门报关、报检、舱单、保税等业务职能，以及歌尔、潍柴、海信、泰和等多家企业的物流服务业务，着力打造企业级"智能通关、智慧管控、智享互联"的"三智"关务生态圈。40 多年来，学院向省内外财政、税务、工商、金融、党政、实业界等输送了一大批优秀人才，深受社会各界好评。

4. 浙江金融职业学院

浙江金融职业学院曾获"全国职业教育先进集体""全国毕业生就业典型经验高校"奖项，于 2019 年 12 月，被教育部、财政部列为"中国特色高水平高职学校和专业建设计划建设单位"。

多年来，浙江金融职业学院秉持培养高素质应用型金融人才这一理念，持续扩充师资队伍，完善教育教学制度，强化教学硬件设施建设，推动学院教育改革创新与高质量发展。为了深化产教融合、校企合作，2021 年 12 月 1 日，浙江金融职业学院产教融合工作暨浙江金融职教集团建设研讨会在汇丰大厦顺利召开，会上专家学者进行了重要讲话。校长郑亚莉代表学校分别与中国银行浙江省分行副行长邵磊、杭州银行行长宋剑斌、杭州联合农村商业银行党委副书记闻渊、浙江安吉农村商业银行副行长赵寅签署了校银全面战略合作协议。此次会议进一步加快了学校深化产教融合、加强校企合作、促进集团化办学、学徒制和订单式人才培养的进程。同年 6 月 16 日，浙江金融职业学院与安吉农商银行在安吉举行共建"乡村振兴金融服务学院"揭牌仪式和深化战略合作签约仪式，开启全面战略合作。双方表示，在原有合作基础上，要进一步加强战略合作，发挥各自优势，共建乡村振兴金融服务学院，作为战略合作机构支持安吉农商银行创办"安芯学堂"，并以此为综合平台，充分发挥合作双方资源优势，搭建人才协同培养平台，在金融人才培养、员工培训、学生实习就业、金融服务乡村振兴、绿色金融研究、普惠金融研究及发展战略咨询等方面开展合作，以人才赋能，为推进产教深度融合，以促进绿色金融发展、金融服务乡村振兴，实现共同富裕贡献智慧。

5. 无锡科技职业学院

无锡科技职业学院是江苏省示范性高职院校，多年来，学校秉持"立足新区、面向无锡、服务长三角"的理念和定位，使学院的各项建设取得了长足发展。无锡科技职业学院地处无锡新区，无锡新区具有光伏新能源产业园、超大规模集成电路产业园、传感网创新示范区、创意文化产业园、生命科技园、临空总部经济园、机电动力装备产业园（轨道交通产业园）等众多的科技园区，这为无锡科技职业学院的产教融合发展提供了十分便利的条件。

近年，学校全面发力，促进教育教学相关的多个维度协同发展，打造了产教精准对接平台、多形式产教融合教育体系以及高质量的教师队伍。

第一，学校先后与无锡高新区的多家龙头企业共建空港物流产业学院、芯火集成电路产业学院等 5 个产业学院，打造协同育人、协同创新的优势载体，推进校企合作走深走实，精准对接供与需，进一步实现高职教育与产业建设的深度融合。

第二，学校积极开展教育教学改革，形成诸多体现自身办学特色的理论及实践成果。例如，2021 年学校曾荣获江苏省教育成果奖评选中一等奖与二等奖。

第三，学校多措并举，打造了一支理论知识扎实、实践经验丰富、专兼结合的优秀"双师型"教师队伍，为人才培养提供不竭动力。

总之，无锡科技职业学院作为江苏省产教融合的代表性高职院校，起到了重要的引领作用与示范作用，给多所高职院校提供了可靠的发展依据与借鉴。

第三节　产教融合的意义与价值

一、有利于促进学生的长远发展

产教融合、校企一体，是一种新型的办学模式。在产教融合的主导下，学生可以接受校方与企业的协同培养，学生自身的知识水平、专业技能、实践技巧等多项能力都能够获得有效提升，因此，产教融合有利于促进学生的长远发展。

首先，产教融合能够激发学生的创造力。创造力是主体特有的一种综合性本领，创造力强的人往往具有很强的观察能力，善于观察生活中一切事物的特点，并且从中汲取有利于自身借鉴和利用的元素。在产教融合中，学生除了要接受一般的常规学校教育之外，还会与企业产生十分密切的联系，无论是企业中的技术人员到学校宣讲或示范，还是学生进入企业进行工作实践，都能够有效锻炼学生的动手能力，随着他们动手能力的提升，其创造力也会随之提升。

其次，产教融合能够帮助学生尽早树立发展目标。在常规的教育体制下，学生在学校只是学习专业知识，在大学这座象牙塔之中，与外界社会联系不甚紧密，许多学生对于自身未来发展没有明确的规划，不知道自己所学的专业能够进入哪些岗位，更不知道自身的专业实力究竟如何。通过产教融合，学生可以在特定的岗位进行实践，实践中既能够了解自身的能力水平，也能够对相应的行业有所了解。同时，有些学生还会对自己在实践中遇到的困难进行深入反思，从而促进自身解决实际问题的能力有效提升，这对于他们树立未来发展目标具有重要帮助。

再次，产教融合能够为学生提供工读结合、勤工俭学的平台。许多学生的家庭条件较差，上学给家庭带来了很大的压力，学生希望在课余时间找一份兼职，缓解父母的资金压力，同时也能够让自己的工作能力得到提升。产教融合能够为学生提供必要的实习条件和难得的锻炼机会，这样一来，学生既可以将书本知识运用于实践，又能够赚取一定的生活费，实现工读结合、勤工俭学。

最后，产教融合能够造就学生优良的心理素养。开展产教融合，学生的学习生活将更加丰富多彩，除了一般的课程之外，还有许多实践活动。各种各样的实践活动会激发学生的学习激情，激励他们在实践中不断摸索和创新。在实践中，学生不可避免地会遇到各种各样的挫折，而伴随挫折与挑战，学生的心理素质也会得到锻炼，这对他们未来进入社会以及长远的发展都有一定的帮助。

二、有利于提高教师的业务水平

产教融合有利于提高教师的业务水平。作为高职教育事业的"先锋军"和"排头兵"，高职院校的教师承担着培养新一代技术型人才的崇高使命。在教学生涯中，高职教师不仅要对学生进行专业知识方面的传输，还要将自己的技能传授给学生。这就要求新时代的高职教师必须集理论与实践于一身，既能够在课程上答疑解惑，又能够在实践操作中正确示范。然而，现实中部分高职教师却在自身能力方面有所欠缺。部分教师理论能力较强，但是缺乏实践能力；部分教师虽然有一技之长，却缺乏讲授能力。总之，许多教师都没有实现专业化发展。产教融合要求在学校和企业之间进行高职教育，这对高职教师的各项能力提出了更高的要求。而随着产教融合不断推进，高职教师的业务水平也必将获得明显提升。

高职院校与一般的本科院校不同，其人才培养目标是培养技能型人才，主要对接的是市场中的各个实际的岗位，这就要求教师经常对学生开展实践类的教学活动。教师会经常带领学生"下厂"，到企业中实地考察，实地调研，实地了解，这既是学生开阔视野、增长见识的过程，又是教师提高专业水平的过程。通过大量的实践，广大教师特别是专业课教师的工作能力也将获得明显的提高。例如，当教师带领学生到企业进行交流学习时，教师可以更好地把理论知识与生产实践相结合，久而久之，他们的自身业务水平随着实践工作的推进而不断提高。

三、有利于实现职业教育的健康发展

职业教育是教育事业的重要组成部分，是以就业为导向的教育形式。学术型人才固然重要，但是专业技术型人才亦是不可或缺。事实上，我国的职业教育起步并不早，取得如今的成绩是各界人士共同努力的结果。

大力发展产教融合，能够给学生、教师提供更多实践的机会，让他们在广泛的实践中提升自己，充实自身。这对于职业教育这一事业也具有长足的益处。

第一，产教融合丰富和充实了职业教育模式。在产教融合出现之前，职业教育虽带有"职业"二字，但是在具体的教学活动中仍然缺少实践性，学生的"学"与教师的"教"往往停留在理论层面，即使有实践操作环节，也仅仅是少数情况。久而久之，学生的实践操作能力和创新能力都不会明显提高。产教融合给了学生更多接触岗位实践的机会，让他们在切身体会的过程中感受工作、了解工作，真正认识每一行的职业特点，这对于职业教育是一种有力的丰富和补充。

第二，产教融合给职业教育提供了长足的发展动力。在以往的职业教育中，许多职业院校由于缺少经费，学校的各项硬件设施乃至师资力量都较为缺乏，虽然校方领导想要对此进行改革与优化，但是资金不够充裕，只能停留在思想层面。在产教融合的视野下，职业院校可以和企业建立长期的合作关系，双方能够实现互利与双赢。例如，学校可以为企业提供未来的岗位专业人才，企业也能够根据自身发展情况，为学校提供一定的经济援助，这样一来，学校的教育事业发展将获得长足的动力，而企业也相当于在为自己的未来投资。

第二章　校企合作概述

第二章　企业合并概述

第一节　校企合作的相关概念

一、校企合作的内涵

校企合作，简单来说就是指学校与企业建立的一种合作模式。在竞争趋势尤为激烈的当代社会，校企合作已经成为许多高职院校广泛推行的一种发展方式。

（一）校企合作的定义

从语法的层面来看，"校企合作"这一词汇是主谓结构，其中，"校企"是主语，主语中又存在着并列关系，即"校"与"企"的并列，因此，"校企合作"属于一种双主体的并列式词汇。所以多数人认为校企合作就是将学校与企业放在对等的地位，从而实现产学合作、双向参与，以促进教育事业不断发展的一种教育形式。不过除此之外，学术界还有关于校企合作的许多其他说法。最具代表性的说法当属模式说、机制说、中间组织说。

校企合作的不同界定如图 2-1 所示。

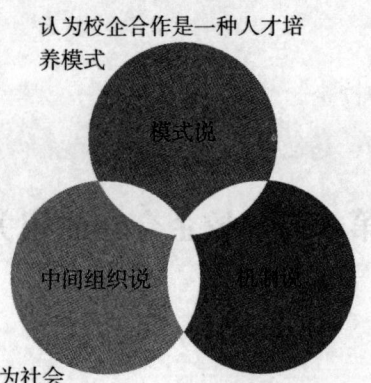

认为校企合作是一种人才培养模式

模式说

中间组织说

机制说

认为校企合作是在为社会教育和培训合格的劳动者这一目标下，开展职业院校与企业、行业、服务部门等校外机构之间的合作

认为校企合作开展高等职业教育是一种以市场和社会需求为导向的运行机制

图 2-1　校企合作的不同界定

1. 模式说

模式说，认为校企合作是一种人才培养模式。不过在模式说之下，又有许多更为细致的说法。其中，比较主流的观点认为校企合作是一种利用学校、企业两种不同的教育环境和资源，采取课堂教学与学生参加实训工作有机结合的方式，培养适合不同用人单位需要的、具有职业素质和创新能力人才的教育模式。对于模式说中存在的培养创新型人才与应用型人才之争，校企合作是学校与企业通过在资源、技术、师资培养、岗位培训、学生就业、科研活动等方面的合作，利用学校与企业不同的教育资源和教育环境，以培养能适应市场经济发展、适合企业需要的应用型人才为目的的教育模式，是利用学校与企业在人才培养方面各自的优势，把以课堂传授间接知识为主的教育环境与以直接获取实际经验与能力为主的生产现场环境有机结合起来，最终实现学校与企业双赢的一种人才培养模式。

2. 机制说

机制说，认为校企合作开展高等职业教育是一种以市场和社会需求为导向的运行机制，是以提升学生的全面素质、综合能力、就业竞争力为重点，利用高职院校和企业两种不同的教育环境和教学资源，采取课堂教学和学生参加实际工作有机结合的方式，来培养适合不同用人单位需要的高级应用型人才的教学模式。

3. 中间组织说

中间组织说，认为校企合作是在为社会教育和培训合格的劳动者这一目标下，开展职业院校与企业、行业、服务部门等校外机构之间的合作，将学生的理论学习和实际操作或训练紧密结合起来，以提高高职教育的质量和未来劳动者的素质，并增加企业部门与毕业生之间双向选择的可能性，从而最终达到促进社会经济和谐稳定发展的目标。

综合上述多种说法，本书认为校企合作首先是一种具有创新性的教育模式，该模式具有多重目标，而其最根本的目标则是促进学生的理论知识水平与实践操作能力的全面发展。总之，校企合作不同于传统的教学模式，它是一种适应社会经济现代化发展与转型的办学模式。

（二）校企合作的特点

校企合作能够更好地适应社会主义现代化发展的"步伐"，更好地让高职学生与社会中多种新型岗位实现对接，校企合作之所以具有这样的现实性，与其自身的特点是分不开的。校企合作具有多种特点，包括多样性、周期性、职业性、教育性、互利性、经济性、创新性、文化性等特点。

校企合作的特点如图 2-2 所示。

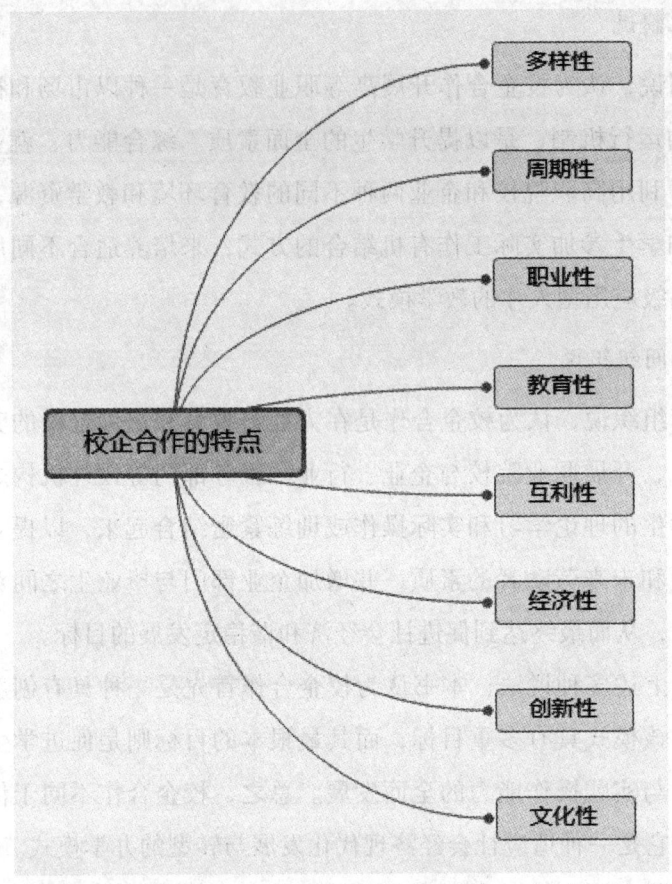

图 2-2　校企合作的特点

1. 多样性

多样性，指校企合作的具体方式方法、实践途径复杂多样。同一学校可以与不同的企业合作，根据企业的差异与培养目标的差异，具体的校企合作制度、管理等方面十分多样。例如，当学校的培养目标是锻炼学生的动手能力，以期他们在经过一段时间的实践锻炼后获得相应能力的有效提升，那么校企合作的方案则以学生自身的发展为主；当学校的培养目标是帮助学生妥善对接职业岗位，那么校企合作的方案则以具体

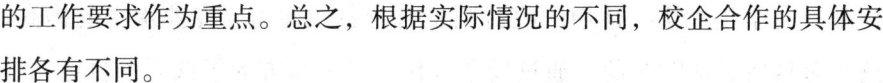

的工作要求作为重点。总之，根据实际情况的不同，校企合作的具体安排各有不同。

2. 周期性

周期性，指校企合作具有一定的周期。一般的校企合作需要校方与企业预先进行协商，双方约定合作的时间，时间的规定要根据双方的具体情况来安排。多数高职院校会将周期定为一学期，这与学制的安排相一致。此外，也有部分院校的校企合作周期较长，给学生更多进入企业开展实践的机会。

3. 职业性

职业性，指校企合作多数以职业人才培养目标和适应特定岗位要求的规则为基准，因此产生多种具体的教学方式，主要包括产学结合、工学结合、产学研结合等，具有较强的功利性与实际性。经过一段时间的校企合作，学生能够更加游刃有余地进入职业生涯，这充分彰显了校企合作职业性的特点。

4. 教育性

校企合作虽然强调实践，注重让学生与时代接轨、与企业接轨，但是归根结底仍然属于高职教育的一个组成部分，仍然是以培养学生职业能力为目标的高等教育。因此，校企合作具有很强的教育性。在工作中，管理者需要明确教育性这一特征，制定教学标准，整合教学资源，努力构建全方位的人才培养体系，这既是校企合作的本质要求，也是其内在属性。

5. 互利性

互利性，指校企合作是一项互惠互利、合作共赢的活动。通过校企合作，其中的各个参与者，包括学校、企业、学生，乃至社会上的其他成员或组织都将从中获得一定的收益，这种收益包括但不限于经济收益。

例如，对学生来讲，他们的收益则是自身各项能力与专业水平的提高，这是金钱所无法购买的。通过校企合作，各参与方为了共同的目标，进行统一协调管理，制定长远规划，最终获得预期结果。

6. 经济性

经济性，指校企合作以经济社会需求为动力，面向各地区的经济社会发展设置专业，具有很强的对口性。总之，校企合作要紧紧与地区的经济建设与发展方向相联系。

7. 创新性

创新是指以现有的思维模式提出有别于常规或常人思路的见解，以此为导向，利用现有的知识和物质，在特定的环境中，本着理想化需要或为满足社会需求而改进或创造新的事物、方法、元素、路径、环境，并能获得一定有益效果的行为。创新是民族发展与时代进步的不竭动力之源。校企合作具有创新性，随着时代发展、行业变革、学科变化进行创新，如果总是因循守旧、墨守成规、不思变革，那么校企合作的进程将会停滞不前，而无法实现高职教育的突破与发展。

8. 文化性

校企合作也是一种文化合作。目前大多数企业在激烈的市场竞争中已经形成了具有各自特色的企业文化，包括先进的理念、合理的制度、科学的管理、严谨的态度、完善的服务以及和谐的氛围等。学生作为校企合作的主要参与者，在各种不同方式的校企合作中，不但学习了专业知识和技能，也为学生深度接触社会、了解社会开辟了途径，同时也使学生能够接受企业文化的陶冶。

（三）校企合作的主要内容

校企合作是一项长期复杂的工作，在校企合作的过程中，与学生相关的一系列教学工作都要被纳入其中，可以说，校企合作涉及高职人才培养的全过程，因此，校企合作的主要内容涵盖较多，主要包括发展规划、专业建设、课程建设、师资建设、实训教学、教学管理、学生管理、招生就业、文化建设、科研创新等十个方面。

　　校企合作的主要内容如图 2-3 所示。

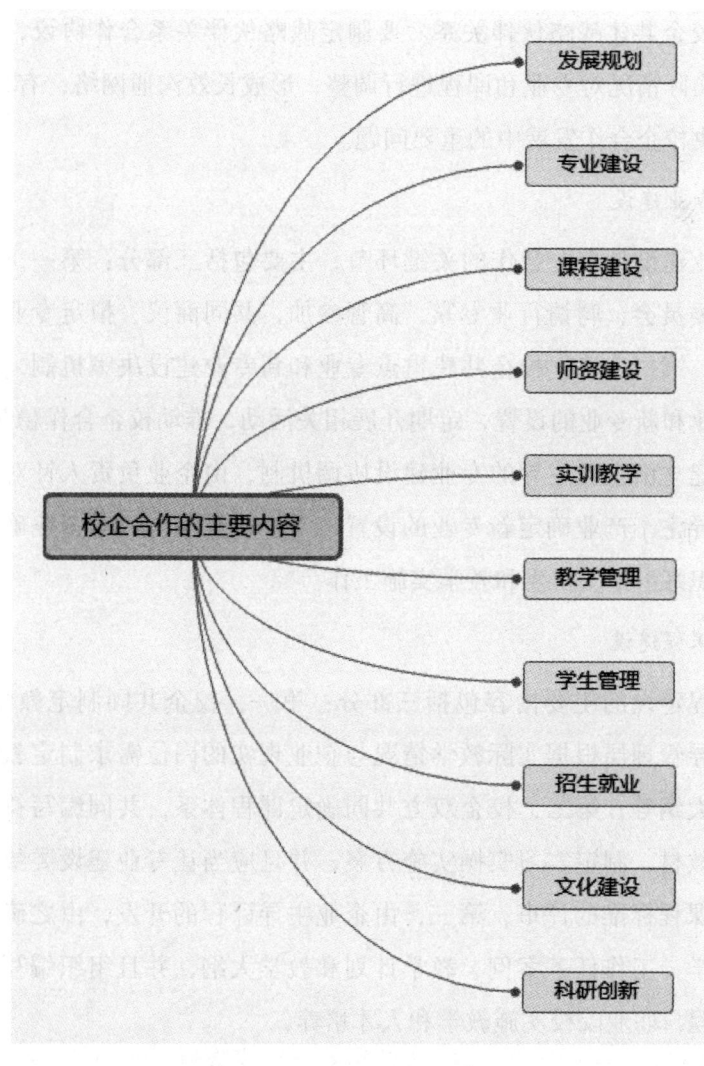

图 2-3　校企合作的主要内容

1. 发展规划

发展规划是校企合作的总体安排与根本筹划，一切合作发展事宜都需要在发展规划的要求下开展。发展规划内容主要包括两方面：第一，成立校企合作指导委员会。委员会由校企双方负责人、政府有关负责人和有关专家共同组成，基本工作包括制定章程、提出目标、制定规划等。第二，校企共建战略伙伴关系。要制定战略伙伴关系合作协议，校企双方根据实际情况对专业和课程进行调整，形成长效沟通网络，有机合作，共同解决校企合作发展中的重要问题。

2. 专业建设

专业建设是校企合作的关键环节，主要包括三部分：第一，成立专业建设委员会，聘请行业专家、高管参加，共同商议、拟定专业人才培养方案，第二，建立校企共建重点专业和新专业建设决策机制，并确定重点专业和新专业的设置，定期开展相关活动，推动校企合作稳步进行；第三，建立由企业主导的专业建设协调机制，由企业负责人针对新兴产业和主导主干产业确定新专业的设置，学校积极参与，对企业确定的新专业组织好申报、招生和教学实施工作。

3. 课程建设

课程建设的主要内容包括三部分：第一，校企共同制定教学计划，学校领导管理层根据实际教学情况与企业现实的岗位需求制定教学计划与教学大纲等；第二，校企双方共同确定课程体系，共同编写符合企业需求的教材，制定实习实操实施方案，并且应当让专业建设委员会进行全方位课程标准的评审；第三，由企业主导课程的开发，由之确定典型项目教学、工作任务案例、教学计划和教学大纲，并且组织编写教材和实习教程，职业院校实施教学和人才培养。

4. 师资建设

师资建设的主要内容包括三部分：第一，校企共同组建师资队伍，由校内优秀教师、企业专业技术人员、高级管理人员共同组成师资队伍的"主干"；第二，企业专家对学校教师开展培训，着力提升他们的实践能力与操作能力，帮助他们更好地将技术与知识传授给学生；第三，企业人员要到学校实行阶段性全脱产教学和科学研究，或者学校教师对企业高级技术人员进行提升培训与相互融通。

5. 实训教学

实训教学的主要内容包括三部分：第一，在学校内部建立校内实训基地，配备比较齐全的硬件设备，并且制定相对科学的培养计划与教学大纲；第二，校企共建实训基地，双方协商、研讨，这样一来，实训基地的内部构成也将更加全面；第三，深度融合实训教学，如企业到学校中开展培训和讲座，学校组织学生进入企业实际操作等，只有深入融合，才能够促进学生将来成为专业人才的无缝对接。

6. 教学管理

教学管理主要内容包括三部分：第一，改革学生学业考核评价办法，完善"知识＋技能"的考核评价体系，校企双方通过面试、笔试和实操等形式对学生的专业知识和专业技能进行考核，使学生取得相关专业职业资格证书和毕业证书；第二，改革教学模式，让学生积极主动参与到学习过程之中，满足学生求知和就业的需求；第三，改进教师教学质量评价的方式方法，企业参与教学过程和教学质量的全程监控。

7. 学生管理

学生管理的主要内容包括三部分：第一，学校要根据企业的实际要求，来制定学生的基本行为规范；第二，学校要聘请企业中的专业人员参与管理活动，共同构建学生管理完善化体系，包括开展学生活动、进行管理研究活动等；第三，学校要和企业共同制定考核评价与奖惩标准，并且确保其稳定运行。

8. 招生就业

招生就业的主要内容包括两部分：第一，学校制定招生培训就业计划，制定计划时需要严格依据企业需求、自身实力开展；第二，校企双方共同执行招生培训就业计划。

9. 文化建设

文化建设的主要内容包括四部分：第一，开展企业文化进课堂活动，在校内广泛开展企业文化宣讲课程，由企业工作人员进行授课，从而提高学生对于企业文化的了解程度。第二，开展德育基地进企业活动，提高学生的德育水平；第三，开展企业文化进实训活动，让学生深入了解企业文化的内涵与意义；第四，开展企业制度进校园活动，让学生了解合同的法律性，培养他们的法律意识与契约精神。

10. 科研创新

科研创新的主要内容包括两部分：第一，学校管理者强化科研创新，组建科研小队，由校内的专家学者共同构成主要成员，对目前比较前沿的领域和学科进行深入科研，并将科研成果转化运用于教学活动之中。第二，校企共同实现科研创新。一方面，学校中的专家学者要深入企业，实地考察，积累素材，提升经验；另一方面，企业中的专业技术人员要进入校园，与校方深入探讨，共同探寻科研创新的新路径。

二、校企合作的理论渊源

校企合作教育理论的产生与发展经历了漫长的过程，校企合作的理论背景需要追溯至 15 世纪的西方社会。文艺复兴兴起之后，西方社会涌现出大量具有渊博学识与创新思想的有识之士。他们在不同的领域发挥自己的作用，或在哲学领域，或在文学领域，或在宗教领域，总之，这一时期的思想光芒可被视为后世产生校企合作教育理论的发端。这一时期地主要代表人物有托马斯·莫尔（Thomas More）、马丁·路德（Martin Luther）、约翰·贝勒斯（John Bellers）、约翰·洛克（John Locke）、让·雅克·卢梭（Jean-Jacques Rousseau）等。

《乌托邦》一书的作者托马斯·莫尔是英国空想主义代表人物，在《乌托邦》一书中，作者描绘出一幅十分理想的社会图景，每个人不分男女都以务农为主业，要求每个人掌握一项自己的手艺。

马丁·路德是宗教改革的代表人物，他曾表示教育中应加入劳动的成分："男童每天在学校应学习 1～2 个小时，其余时间则在家中学习手艺或其他喜爱做的工作，使学习和工作结合起来；女童每天在校应学习 1 小时，其余时间在家中劳作。"

约翰·贝勒斯在《关于创办一所一切有用的手工业和农业的劳动学院的建议》一文中，提出劳动学院就是社会主义的生产合作体，该理论首次明确提出了教育与生产劳动相结合的主张，成为合作教育的主要思想来源。

让·雅克·卢梭作为法国思想启蒙运动的重要代表人物，也曾提出与劳动教育相关的观点，他表示："劳动是社会中每个人不可避免的责任。"

随着时代发展，伴随 20 世纪初期我国政治领域与思想领域的大变革，国内开始出现早期的校企合作教育思想。这一时期我国的代表性人物有黄炎培、钱亦石等人。

黄炎培是我国近代著名爱国主义思想家，将其毕生心血奉献于我国的职业教育发展，提出"手脑并用、双手万能、做学合一"的职业人才培养原则，极大地推动了我国的职业教育发展。"值得注意的是黄炎培从未将职业教育与普通教育相对立，而是提倡大职业教育观念，他认为

'以广义言之，凡教育皆含职业之意味。盖教育云者，固授人以学识、技能而使之能生存于世界也'。他主张将职业教育理念贯彻于各级各类教育之中，贯彻于全教育过程和全部职业生涯。黄炎培的这一理念对于我国现阶段倡导的'校企合作、产学结合'有着积极的意义。"①

钱亦石为我国早期马克思主义的领导者与践行者，他曾于1934年出版《现代教育原理》一书，书中强调，未来要将教育、体育和生产劳动结合起来。这明确彰显了实践活动与教育教学联系的重要意义。

此外，近代著名教育家陶行知先生对于职业教育发展也有十分精辟的论述，他提出的"生活即教育""社会即学校""教学做合一"的思想产生于20世纪20年代。他认为"教、学、做是一件事，不是三件事。我们要在做上教，在做上学"。他以种田为例，指出种田这件事，要在田里做的，便须在田里学，在田里教。"教、学、做合一"是陶行知教育思想的一条主线。他十分重视教育同生产劳动相结合，认为当前的农村小学最好能与当地初中联合起来，建立起务农实习的基地，把基地建设成为实施劳动技术教育的第二课堂，建成学生劳动实践的固定场所和传播农业科技的园地。总之，他认为职业教育就是"生利主义"的教育，职业教育就是"就业"的教育，职业教育就是"技能"的教育，职业教育就是"教学做合一"的教育。

总的来看，上述不同时代各界学者的教育思想均为当代校企合作提供了充实的理论滋养。虽然这些思想理论产生的时代与当代社会有所不同，但是其中蕴含的教育哲理具有很强的普适性，对于当代职业教育发展具有较强的启迪作用与借鉴作用。

---

① 师俊英.高校产品设计专业校企合作模式的分析研究[M].成都：电子科技大学出版社，2017：32.

三、校企合作产生的现实背景

校企合作的产生并非一蹴而就，也并非毫无缘由，而是在特定的现实背景下产生的教育模式，与当代国内的发展，以及社会教育事业乃至各领域事业的发展情况都有着十分密切的联系。可以说，校企合作的产生与发展是时代的"合力"所造就的。

（一）改革开放要求将教育摆在优先发展的战略地位

1978 年是我国现代化发展的重要历史转折期，在这一年，党中央确立了以经济建设为中心的发展方针，这预示着中国共产党意气风发地踏上了中国特色社会主义发展的新道路。改革开放转变了曾经的发展方向与社会风气，社会各领域各行业建设产生深刻的变化。与此同时，世界范围内的各行各业也在悄然发生变化，"以信息技术为核心的高新技术的发展，极大地改变着人们生产、生活方式和国际经济、政治关系，以经济为基础、科技为先导的综合国力的竞争更为激烈"[①]。这表明，20 世纪后期传统的生产制造行业已经不能完全适应时代的发展趋势，现代化、科技化才是时代发展的主流。而为了促进各项产业与时代接轨，就必然需要大量的专业技术人才，他们才是新时代下产业变革的生力军和推动者。总之，知识经济已经成为时代的主旋律。"因此，知识经济的兴起不仅给中国教育发展带来了机遇，而且提出了挑战。面对这一前所未有的挑战和重大的战略机遇，中国政府冷静观察、从容应对，坚定不移地坚持把教育摆在优先发展的战略地位。"[②]1985 年，党中央颁布《中共中央关于教育体制改革的决定》，提出"教育必须为社会主义建设服务，社

[①] 师俊英.高校产品设计专业校企合作模式的分析研究[M].成都：电子科技大学出版社，2017：41.
[②] 师俊英.高校产品设计专业校企合作模式的分析研究[M].成都：电子科技大学出版社，2017：42.

会主义建设必须依靠教育"的战略思想，这标志着职业教育的进一步发展。1993 年，中共中央、国务院公布了《中国教育改革和发展纲要》（以下简称《纲要》），这是建设和发展中国特色社会主义教育体系的重要纲领性和时代性文件，对于我国教育体系的现代转型发展具有重要影响。《纲要》对我国教育事业发展的重要性进行了进一步抬高，明确指出教育事业的战略性地位，表示在即将进入的 21 世纪，谁掌握了教育，谁就掌握了产业发展的主动权。"在《纲要》的指引下，我国教育事业实现了跨世纪的发展，教育投入大幅增长，办学条件显著改善，教育改革逐步深化，教学质量明显提高。特别是进入 21 世纪以来，城乡免费义务教育全面实现，职业教育快速发展，高等教育进入大众化阶段，极大地推进了科技创新，为经济发展和社会进步做出了巨大的贡献。"①

2010 年，在全面落实科教兴国、人才强国和可持续发展战略的关键时期，党中央、国务院颁布了《国家中长期教育改革和发展规划纲要（2010—2020 年）》（以下简称《教育规划纲要》），并且召开 21 世纪以来第一次全国教育工作会议，会议再次强调发展教育事业对于国家与民族的重要意义。

如今我们已经进入 21 世纪的第三个十年，党和国家始终贯彻落实大力发展教育事业的战略方针，已经基本实现教育现代化。未来我国教育事业的发展与改革必将更加受到党和中央的高度关注，并取得更加长远的发展，这是校企合作教育发展的首要现实背景。

（二）国家大力推进科教兴国战略

科教兴国战略为校企合作的现代化快速发展提供了充沛的动力。科教兴国战略于 1995 年 5 月由江泽民同志在全国科学技术大会上首次提出，

---

① 师俊英.高校产品设计专业校企合作模式的分析研究[M].成都：电子科技大学出版社，2017：43.

主要内容是在科学技术是第一生产力思想的指导下，坚持教育为本，把科技和教育摆在经济、社会发展的重要位置，增强国家的科技实力和科学技术向现实生产力转化的能力，提高科技对经济的贡献率，提高全民族的科技文化素质，把经济建设转移到依靠科技进步和提高劳动者素质的轨道上来，加速实现国家的繁荣昌盛。"科教兴国战略的提出与实施，是立足我国国情并借鉴国外经济、科技发展的成功经验，根据当代经济、科技的发展趋势，不断认识和把握社会主义现代化建设的规律所做出的重大抉择，是实现我国经济和社会发展战略目标的必然选择，也是迎接知识经济时代和更加激烈的国际竞争的战略决策，也是中华民族振兴的必由之路。实施科教兴国的战略，关键是人才。在 21 世纪，国家的综合国力和国际竞争能力将越来越取决于人才竞争，取决于教育发展、科学技术和知识创新的水平。"①

科教兴国战略的主要内容始终围绕科学技术，要求将科学技术转化为能够促进社会生产力发展的动力。校企合作强调校园与企业的二元结合，要求以校促企、以企强校，协调构建专业人才培养的全新空间。在校企合作的开展过程中，学生会与企业进行比较密切的接触，这就意味着他们将与企业中的各种现代化产业和技术发生联系。而科教兴国战略主张强化科学技术教学，将科学技术作为教育教学的重要内容。如此一来，科教兴国战略便为校企合作提供了坚实可靠的政策保障。

（三）国家全力开展人才强国战略

人才强国战略是校企合作教育模式的产生和发展的现实背景。人才强国战略是党和国家的一项重大战略决策。

早在 1977 年，邓小平同志就曾表示要形成一种"尊重知识、尊重人

---

① 师俊英.高校产品设计专业校企合作模式的分析研究[M].成都：电子科技大学出版社，2017：45.

才"的社会氛围。次年 12 月党中央便确立了"尊重知识、尊重人才"的国策。

2000 年,中央经济工作会议首次提出"要制定和实施人才战略"。2001 年发布《中华人民共和国国民经济和社会发展第十个五年计划纲要》,我国首次将人才战略确立为国家战略。

2002 年 5 月 7 日,中共中央、国务院制定下发了《2002—2005 年全国人才队伍建设规划纲要》,指出党和国家今后的人才培养方案与规划,进一步明确人才强国的重要意义与时代价值。

2003 年 12 月,我国第一次全国人才工作会议在京召开,明确提出实施人才强国战略。2007 年党的十七大将人才强国战略写进党章。这充分表明当代社会只有人才是最为重要、最为关键的核心竞争力。自此开始,我国的人才队伍发展迅速。截至 2008 年年底,我国人才资源总量接近 1.14 亿人,其中,科技人力资源总量多达 4600 万人。

2010 年 5 月,我国第二次全国人才工作会议在京召开,再次强调人才作为现代资源的重要特性,并且提出到 2020 年要培养和造就规模宏大、结构优化、布局合理、素质优良的人才队伍。

如今,我国人才强国战略已经迈入新时代新征程,校企合作与人才强国战略形成有机联通。党的二十大报告指出"教育、科技、人才是全面建设社会主义现代化国家的基础性、战略性支撑",强调深入实施科教兴国战略、人才强国战略、创新驱动发展战略。这表明,人才强国、产教融合、校企合作需要协同发展,互相促进。因此,人才强国战略是校企合作产生和发展的重要现实背景。

第二节 校企合作的发展与现状

一、校企合作的发展

我国职业教育校企合作的发展经历了漫长的过程，该过程总体趋势为由浅入深、由点及面、由小到大。在过程中，校企合作的规模不断壮大、影响不断加深、形式不断丰富，大致可以分为四个历史阶段。

我国校企合作的四个发展阶段如图 2-4 所示。

第一阶段（20世纪中叶）

自1949年中华人民共和国成立以来，我国企业与高校的合作迈出了校企合作关键性的"第一步"。

第二阶段（20世纪80年代）

1978年进入改革开放的新时代，国内各领域各行业进入发展的快车道，校企合作同样受到有关部门的高度重视。

第三阶段（20世纪90年代）

20世纪90年代之前，我国虽然出现了校企合作的正式发展，但是这时的校企合作还不够完善。20世纪90年代，这一情况得到明显扭转。

第四阶段（21世纪初至今）

校企合作形势一片大好。

图 2-4 我国校企合作的四个发展阶段

（一）第一阶段（20 世纪中叶）

自 1949 年中华人民共和国成立以来，我国企业与高校的合作发展开始步入正轨。在党的教育方针与科技方针的共同影响和指导下，我国高校的教学、科研人员努力投身生产实践活动，迈出了校企合作关键性的"第一步"。不过，计划经济体制下的校企合作与如今的校企合作还存在许多明显的差异：第一，这种合作是非单纯经济指向的，其目标是确立中华民族的国际地位，打破"封锁"，解决国计民生的重大问题；第二，这种合作不是利益主体之间的合作，而是所有者部门之间的合作，几乎不存在任何利益冲突，不能完全按照市场需要进行合作，而只是依据国家调配计划。在这样的背景下，我国校企合作的发展速度较为缓慢，许多高校与企业的合作形式单一，校企双方的合作程度也有待加深。

（二）第二阶段（20 世纪 80 年代）

1978 年进入改革开放的新时代，国内各领域各行业进入发展的快车道，校企合作也同样受到有关部门的高度重视。邓小平同志全面讲述了经济快速发展与科学技术进步的关系，高度强调科技与教育的密切联系性。此外，在 1985 年，党中央先后发布了《中共中央关于科技体制改革的决定》和《中共中央关于教育体制改革的决定》，"分别确立了'经济建设必须依靠科学技术、科学技术工作必须面向经济建设'和'教育必须为社会主义建设服务，社会主义建设必须依靠教育'的战略方针"[①]。之后，国内校企双方在科学研究方面开始有了更多的合作与创作，有效加快了科研成果向生产过程的转化，并且吸引学术界越来越多的学者对此保持热切关注。这促进我国校企合作事业开始步入健康的发展轨道。

---

① 史伟，杨群，陈志国.新时期职业教育校企合作办学模式探索 [M].天津：天津科学技术出版社，2018：16.

（三）第三阶段（20世纪90年代）

20世纪90年代之前，我国虽然出现了校企合作的正式发展，但是这时的校企合作还不够完善，与现代意义的校企合作存在明显的差异，而这一情况在20世纪90年代得到了明显的扭转。可以说，这时才是真正意义上的校企合作的开始。

1991年，中国产学研合作教育协会在上海正式成立，次年，国家经济贸易委员会等多部门共同协作实施"产学研联合开发工程"，希望大力发展职业教育，让校企合作获得更充分的发展。

1995年，党中央和国务院强调要积极推进经济体制和经济增长方式的两个根本性转变，提出科教兴国战略与可持续发展战略，并且在党的十五大报告中提出"强化应用技术的开发和推广，促进科技成果向现实生产力转化……"。这为高职院校与各类企业的合作发展进一步铺平了前进道路。

总之，进入20世纪90年代后，伴随社会市场经济体制改革不断深化，以及世界各国经济领域竞争愈发激烈，我国企业与高校的生存、发展、创新都面临着更加艰巨的困难和挑战，这也迫使我国校企合作爬上更高峰，走上新的发展阶段。这一阶段的校企合作以市场拉动与科技驱动联合以及科技成果转移为主。

（四）第四阶段（21世纪初至今）

进入21世纪，党中央对于职业教育的重视达到了更高的程度，在党的十六大报告中，明确提出要"造就数以亿计的高素质劳动者、数以千万计的专门人才和一大批拔尖创新人才"。这充分彰显了我国培养专业技术人才队伍的决心。

2010年6月，教育部联合有关部门和行业协（学）会，共同实施"卓越工程师教育培养计划"，旨在培养造就一大批创新能力强、适应经济社会发展需要的高质量各类型工程技术人才，为国家走新型工业化发展道路、建设创新型国家和人才强国战略服务。

2012 年 11 月，中国共产党第十八次全国代表大会在北京开幕。党的十八大报告明确提出要"加快发展现代职业教育"。

2013 年 11 月，中共中央十八届三中全会在北京召开，通过了《中共中央关于全面深化改革若干重大问题的决定》（以下简称《决定》）。《决定》明确提出"加快现代职业教育体系建设，深化产教融合、校企合作，培养高素质劳动者和技能型人才"，并提出要"构建劳动者终身职业培训体系"。

2014 年 5 月 2 日，国务院印发《国务院关于加快发展现代职业教育的决定》，标志着我国职业教育迈入改革发展新阶段。同年，教育部等六部门印发《现代职业教育体系建设规划（2014—2020 年）》（以下简称《规划》）。《规划》共分为 6 个部分：第一部分介绍规划背景；第二部分是总体要求，提出了体系建设的指导思想、建设目标和基本原则；第三部分是基本架构，提出了职业教育的层次结构、终身一体、办学类型、开放沟通；第四部分是重点任务，提出了 12 方面重点工作任务；第五部分是制度保障和机制创新，提出了 9 项制度和机制建设要求；第六部分是保障实施。

2017 年 12 月，国务院办公厅《关于深化产教融合的若干意见》（以下简称《意见》）提出校企协同、合作育人原则。《意见》要求充分调动企业参与产教融合的积极性和主动性，强化政策引导，鼓励先行先试，促进供需对接和流程再造，构建校企合作长效机制。

2018 年 7 月 20 日，校企合作产教融合发展论坛在河北省廊坊市举行，论坛由中国高等教育学会教育创新校企合作研究分会主办，北京广慧金通教育科技有限公司承办。论坛对我国以往校企合作取得的成绩进行总结，并对校企合作的未来发展做出规划和展望，提出三大至关重要的"要素"，分别为有效的平台、有效的机制、有效地转化。只有对这三大"要素"深入分析，并且有力把握，才能促进校企合作在未来的教育领域中再创辉煌。

2021年，中国高等教育博览会"校企合作、双百计划"典型案例名单公布，此次博览会公开了大量优秀校企合作名单，它们为我国校企合作事业提供了有利借鉴。未来我国经济形势良好，市场迫切需要专业技能人才。校企合作不仅加大了教育培养人才的力度，也有利于企业的发展壮大。

二、校企合作的现状

进入21世纪以来，我国的高职教育开启快速发展模式，随着党中央和国务院颁布大量相关政策性文件，高职教育与企业的合作发展已经成为时代的必然趋势。如今，我国高职院校校企合作主要表现为以下情况。

（一）校企合作形式多元化发展

目前我国校企合作的发展有着多元并存的发展趋势，已经从早期的合约走向深度合作。总的来看，国内校企合作的主要形式有以下几种。

校企合作的多元化形式如图2-5所示。

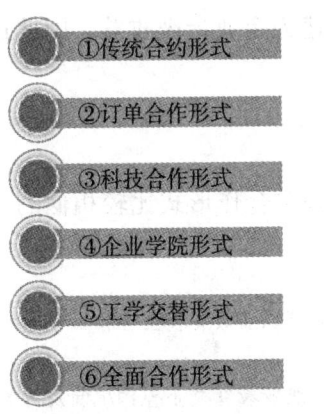

①传统合约形式

②订单合作形式

③科技合作形式

④企业学院形式

⑤工学交替形式

⑥全面合作形式

图2-5　校企合作的多元化形式

1. 传统合约形式

传统合约形式是比较普遍的一种合作模式，在国内许多的高职院校中都比较常见，"就是在办学过程中由学校出面，以事业单位法人的身份与当地若干企业（行业）签订校企合作协议，明确各自的权利与义务。比如约定学校可以聘请行业（企业）的业务骨干担任兼职教师、把行业（企业）作为学生实习和教师实践的基地、合作企业可以优先挑选毕业生，等等。除此之外，学校为企业技术开发和员工培训提供便利，企业为学校教学工作提供奖教奖学资助等。合作协议一般列明了'可以'，但如何落实和执行，一般没有明确的制度和办法"[①]。

2. 订单合作形式

订单合作形式是校企合作的常见形式之一，"是学校与企业根据社会和市场需求，签订人才培养协议，共同制订人才培养计划，学校和企业双方自愿组织教学，学生毕业后直接到企业就业的人才培养形式。其基本特点是校企双方按合作企业要求'量身定做'人才，主要有'2+1''2+0.5+0.5''2.5+0.5'等形式，一般包括达成订单、招录学生、实施培养、上岗考核、岗后关注等5个环节"[②]。订单合作形式所培养出的人才能够更加快速流畅地适应企业岗位，能够将自己的所学转化应用于岗位之上，在短期内迅速为企业带来收益，因此这也是许多企业十分乐于采用的一种形式。

3. 科技合作形式

科技合作形式是与订单合作形式比较相似的一种类型，不过二者的

---

① 史伟，杨群，陈志国．新时期职业教育校企合作办学模式探索 [M]．天津：天津科学技术出版社，2018：98.
② 贾文胜，何兴国，梁宁森．职业教育校企合作机制及政策保障研究 [M]．北京：中国商务出版社，2019：48.

侧重点有所不同。科技合作形式主要是综合利用学校和企业人力资源的共同优势，双方合作进行产品、技术开发，或者由学校为企业提供科技服务，从而形成合作关系，本质上也属于一种联合。

4. 企业学院形式

企业学院形式虽然比传统合约形式、订单合作形式产生较晚，但是如今也已经在校企合作的实践中比较普遍。

5. 工学交替形式

工学交替，"是将校内学习与校外实践交替结合，充分利用学校和企业两种不同的教育环境和教育资源，发挥各自在人才培养方面的优势，以提高学生全面素质、综合能力和就业竞争力的校企合作模式"[1]。通过工学交替的培养方式，学生能够在学校接受理论课程的系统性教学，还能够在企业进行广泛而深入的企业实践，从而提升理论思考能力与动手实践能力，可谓一举两得。此外，"按照主导方的不同，工学交替模式又分为学校主导型和企业主导型。由学校主导人才的主要身份是学生，通过工学交替的模式培养学生更高层次的职业技能或使其获得相关职业资格证书；由企业主导人才的主要身份是企业员工，通过工学交替的模式使企业员工获得职业相关的文化素养和理论知识以及毕业证书"[2]。

6. 全面合作形式

全面合作形式，是学校和企业之间以项目为载体，建立多种合作关系，全方位进行深度合作的模式。

---

[1] 金昱伶.我国高职教育校企合作的现状、问题与对策[D].重庆：西南政法大学，2015：19.
[2] 同上。

（二）校企合作发展成效卓著

经过多年发展，如今我国高职院校的校企合作在主要内容、合作条款、培养机制等方面都有明显进步。

1. 校企合作内容逐渐丰富

在过去的很长一段时间内，校企合作的主要内容就是解决学生顶岗实习或教师挂职锻炼问题等单一内容，涵盖的范围较小，如今校企合作所包含的内容愈发丰富，无论是学校内部的教师科研与模拟实践教学，还是企业内部的岗位技术培训，或行业难题分析研究等，都被纳入校企合作活动中，丰富的内容反过来也进一步促进了校企合作事业的进步与发展。

2. 校企合作条款愈发具体

过去谈校企合作主要是格式化、简单化的抽象条款，具有实质性内容的不多，合作是战略性的，而不是操作性的。经过近年来的改革和探索，尤其是国家示范性高职院校建设的推动，校企合作不仅多样化，而且变得更具体化，已经上升到了机制层面、操作层面。特别是"引企入校"机制的建立、校企共办专业和二级学院机制的建立、校内实训基地生产化和校外实训基地教育化的形成，有力地促进了工学结合和顶岗实习人才培养模式的推进。

3. 校企合作培养机制逐渐完善

培养机制涉及人才培养的全过程，校企合作培养机制逐渐完善意味着人才培养的各个阶段、各个环节都日趋完善。例如，校内的日常教学加入了更多对口岗位相关的内容，教师以就业为导向，把充分就业、对口就业、顺利就业、优质就业作为主要目标，既提升了学生的实践能力，也促进了他们未来的就业与发展。同时，校企合作相关的人才评价也愈

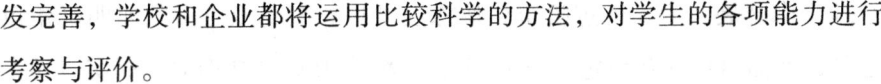

发完善，学校和企业都将运用比较科学的方法，对学生的各项能力进行考察与评价。

（三）校企合作的有待完善之处

综上，我国校企合作已经取得多项成绩，不过凡事需要辩证看待，校企合作仍然有较长的路要走，在以下方面仍然有待提高和完善。

首先，校企合作相关政策需要进一步完善。我国虽然有《中华人民共和国职业教育法》，对职业教育相关的具体内容进行了规定，但是其中并没有法律法规要求企业必须承担起职业教育人才培养的责任和义务，这就导致许多企业往往推脱责任，在校企合作中尽可能地谋取利益，而不愿与校方进行利益分享。另外，还有许多高职院校也因此而缺乏明确的办学定位，把校企合作停留在表面，无法真正有效提升学生的实践能力。虽然高职院校是校企合作事业的主要参与者，但是其中许多院校仍有一些问题暴露出来，如学校盲目追求扩招学生，以生源数量作为评判教学质量优质与否的标准；学校盲目跟风其他学校，忽视自身基本情况等。总之，若要改变这一现状，必先进一步完善校企合作的相关政策法规。在政府的严格要求下，校企双方的工作才能够更加标准化，从而取得校企合作应有的成果。

其次，校企合作双方的角色定位不够清晰。校企合作是近几十年刚刚兴起的一种人才培养模式，虽然经历了一定的发展与完善，但是相对于传统教学模式而言，这毕竟属于一种比较新颖的人才培养方式，在某些方面界定还不够清晰，而校企双方的角色定位则是其中最重要的方面。在传统教学思想中，教学的主体当属学校，教师需要在学校中进行教学实践，学生需要在学校中学习知识，一切教育教学活动都是在学校中发生的，由于教学场所的单一性，尚不存在角色定位的问题。而校企合作则意味着教学场所复杂化，教学活动不仅限于学校，也可以在企业中乃至社会中开展。为了促进校企合作深度开展，校企双方必须要明确角色定位，然而目前在角色定位方面却存在诸多问题。"如面对顶岗实习学生过多，企业需要投入的管理成本过大，而实习学生创造的价值又十分有限的局面时，学校和企业往往希望政府出面协调。有的企业甚至将责任归于政府，认为是由于地方政府没有出台类似于西方国家支持毕业生实习的税收减免政策或者经费补贴制度"①。这种做法的出现，其根源就在于校企角色定位不清晰，没有真正明确自身的义务与责任，将希望完全寄托于政府，只会导致负面效果。

再次，校企合作形式化、表面化仍然存在。校企合作的根本目标在于提升学生的实践应用能力，让他们毕业后能够更加快速地对接工作岗位，这一方面有利于他们未来在职场的长远发展，另一方面有利于我国劳动市场的合理分配。然而，部分高职院校和社会企业并未真正深刻认识这一点，他们甚至认为校企合作只需要流于形式，并未真正把人才的培养放在首位，这样一来，校企合作形式化的问题则比较严重。具体来看，则容易导致以下问题：第一，高职院校形式化。部分院校为了应付上级检查而引入企业，组建校企合作的相关机构和相关体系。例如，部分院校为了顺利通过检查，为了获取荣誉称号和财政拨款，费尽心思与许多企业签署合作条约，但是却并未严格履行相关协议，学生的实践能力和操作能力并未获得有效培养。第二，企业形式化。有些企业希望获得更多的廉价劳动力，与高职院校签订协议后，并未安排专业技术人才对他们进行系统性培养，而只是对个别岗位的实际操作进行简单讲解，这对于提高学生的实践能力和创新能力并无过多帮助，只是为企业将来直接"吸收"员工提供了捷径，显然这也是将校企合作停留在形式的体现。

---

① 金昱伶.我国高职教育校企合作的现状、问题与对策[D].重庆：西南政法大学，2015：23.

最后，校企合作的稳定性不足。目前校企合作主要具有以下的特点：第一，就是校企合作"一头热"，也就是总体上来看，高职院校的合作倾向明显大于企业，院校希望通过这种活动来完善人才培养体系，而企业则是希望"利用"人才，甚至在某些情况下，企业可能直接中断与学校的合作关系；第二，受到社会目前的经济发展水平的制约，许多企业的硬件设备条件不够完善，无法为校企合作投入充分的物质保障，这势必影响实践教学质量，当收益小于成本时，校企双方也就更容易停止合作。

针对校企合作存在的上述问题，校企双方都需要考虑科学化的应对之策，以解决现实问题，优化合作路径。

三、校企合作优秀案例

如今我国校企合作形势良好，市场迫切需要专业技能人才，这为校企合作提供了广泛的发展空间。校企合作不仅提高了教育培养人才的力度，也有利于企业的发展壮大，这种"双赢"模式注定在我国发展壮大起来，并且已经有许多高职院校在校企协同育人方面取得了卓著成绩。

（一）长沙民政职业技术学院

长沙民政职业技术学院创立于 1986 年，于 1999 年经教育部批准由一所中等职业院校升为高职院校，次年成为国家民政部与湖南省共建、省教育厅直属的普通高等院校。2006 年，该学院成为全国首批 28 所国家示范性高等职业院校建设院校之一，该院现有专任教师 800 多人，其中从行业企业引进的"双师型"教师达到 50% 以上。"学院现有 12 个国家示范重点专业，有 2 个国家级实训基地、1 个省级师资培训认证基地、7 个职业技能培训中心和鉴定中心、5 个省级职业技能鉴定专业委员会。具有校内专业实验实训室 258 个，校外实训基地 334 个。其中与广东、河南、江浙一带，和省内的湘西自治州、常德、长沙等周边地区的民政行业、社区建立了良好的合作办学关系。学院 47 个专业全部与海尔、TCL 集团、华为科技、新邦物流、阿里巴巴等企业长期签订合作协议，学生半年以上顶岗实习率达 97%。"①

经过多年发展，长沙民政职业技术学院在校企合作领域进行摸索并取得了长足发展。第一，该学院将人本理念全面贯彻落实于校企合作的全过程。首先是"民本"，始终坚持"以民为本，以情为民，以苦为荣，以助为乐，以实为上，共奔小康"的民政工作理念，秉承"爱众亲仁、博学笃行"的校训，全过程培养学生"爱众亲仁"的道德精神和"博学笃行"的专业品质。"民本"是该院校企合作模式的基本价值理念。其次是"生本"，即一切学了学生，为了学生的一切。密切关注学生的需求，最大限度地满足学生成长和发展的愿望，让学生充分就业，让家长的教育投资得到回报，以"行业认可、企业欢迎、家长满意、学生受益"作为校企合作模式的评价标准。第二，该学院具有完善的制度保障，这是校企合作人才培养的坚实基础。首先，制定了完善化校企共育人才培养方案；其次，具有体系化、系统化的学分制，这有利于增强学习积极性，促进专业结构调整。第三，师资力量具有可靠保障。该学院的师资聘任具有严格要求，并且具有完备的绩效考核与末位淘汰制度，这对于提高教师工作积极性具有很大的帮助。同时，学院广泛聘请资深教授，带动教师队伍共同提升。

如今，长沙民政职业技术学院在全力摸索与冲刺阶段之后，已经构建出高职教育特色课程体系，进一步完善校企合作、工学结合培养制度，建立了适应校企合作、工学结合需要的开放性教学资源平台，全面推动校企

---

① 黄冠群. 高职院校校企合作模式理论与实践研究：以长沙民政职业技术学院为例 [D]. 长沙：湖南农业大学，2011：17.

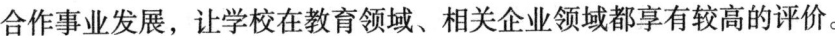

合作事业发展，让学校在教育领域、相关企业领域都享有较高的评价。

（二）南京旅游职业学院

南京旅游职业学院，是江苏省文化和旅游厅主管的全日制公办普通高等学校。多年来，南京旅游职业学院共培养旅游专业学生逾万人，目前共有在校学生 5000 余人，学院设有 2 系 2 部 4 院，即人文艺术系、国际旅游系；基础部、思政部；酒店管理学院、旅游管理学院、烹饪与营养学院、人文艺术学院和旅游外语学院。

学院历来十分重视与其他学院、企业的联通合作。在校企合作成为高职院校发展主流趋势的背景下，该学院在校企协同育人的引导下取得了更加长足的发展。在多种育人路径的保证下，该学院毕业生广泛赢得"形象出众、亲和力强、训练有素"的市场口碑，吸引了众多企业来校招聘学生。多年来，学院不仅就业率始终保持在 100%，就业面由饭店、旅行社、旅游景点延伸到民航、金融、电信、房地产、投资公司等高端服务行业。2017 年 4 月 21 日，南京旅游职业学院与中国国旅（江苏）国际旅行社有限公司开展合作交流，这对于该学院的校企协同育人发展具有重要意义。当日，应南京旅游职业学院之邀，双方进行深入交流商讨，包括"中国国旅订单班"协议签订、校园旅行社建设两大方面内容。通过交流，最终形成了初步的框架性意见，这对于扎实促进南京旅游职业学院开展省示范建设、进行深度校企协同育人具有重要促进作用。

（三）杭州职业技术学院

杭州职业技术学院是我国较早创建校企协同育人模式的职业院校之一，该院校地处经济发达的东南地区，多年以来，以其成功的实践向全国证明了校企协同育人的重要意义与价值，对其进行研究，有助于我们在更深的层面了解和认知校企合作的深刻意蕴。杭州职业技术学院成立于 2002 年，是一所由杭州市人民政府主办，经浙江省人民政府批准成立的全日制普通高职院校，其前身是杭州职工大学。学校下设 9 个二级学院，开设 13 个大类 42 个专业。该学院注重人才培养，强调以人才为导向，要求与时代接轨，构建符合时代需求的新型育人体系。同时，与学校所处地区结合，要求"立足开发区、服务杭州市"，强调作为高校对于区域发展的责任与担当。该学院在办学观念上善于创新，善于把握时代发展趋势，不仅在整体的办学模式上别出心裁，还在具体的教学课程上提供改革思路。

早在 2010 年左右，杭州职业技术学院就在校领导的前瞻性眼光的引领下，大力发展校企共同体建设，与杭州市周边的多所院校和企业开展商业协同与教学协同。例如，2008 年杭州职业技术学院与宁波职业技术学院和温州职业技术学院三所院校，秉承着"资源共享、优势互补、责任共担、发展共谋"的理念，建立了旨在促进共同发展的三校战略联盟。又如，杭州职业技术学院深入推进人才培养模式改革，以政府为引导、以企业为主体、以学校为主导开展人才培养，以项目为导向、以任务为驱动、以政策为保障构建工学结合、产学研三位一体的人才培养体系。

如今，杭州职业技术学院从以下几方面同时着手，促进"行校企共同体"的完美构建：第一，聚合多方资源，共建行业引领、多元主体协同的育人机制；第二，聚焦专业发展，构建三链对接、育训合一的培养模式；第三，聚力服务支撑，打造多维一体、科技牵引的培育平台。这三方面构成校企合作育人"三位一体"新模式，培养了大批优秀的实践创新人才，并且为行业发展提供了强有力的技术支撑。

（四）天津现代职业技术学院

天津现代职业技术学院是天津市人民政府正式批准、教育部备案的一所集应用文科、应用理科、工科及艺术学科于一体的全日制高职院校，是首批进入中国天津海河教育园的院校之一。学院始终坚持"不求最大规模，但求质量特色"的核心价值观和"进来的是学生，走出的是能手"的育人理念，以对高职教育的使命感和对莘莘学子的责任感，实现了跨越式发展。2010 年，该学院被教育部、财政部确定为全国示范性骨干高职院校建设项目单位。

多年来，天津现代职业技术学院注重人才培养，强调实践，秉持人才导向的发展目标，建立了比较成熟的校企合作机制。在天津现代职业技术学院，占据主导地位的校企合作模式为现代学徒制。该学院曾与海鸥公司共同根据人才培养和发展规律，制定出十分详细的校企合作方案。校企双方根据"优势互补、资源共享、成果共用、共同发展"的全新发展理念进行教学资源配置，构建十分形象化、趣味性的学习情境。学校大力发挥自身优势，在学校和企业建立多座实训室、顶岗实习基地，为学生提供充足的实践实习场所，着力强化他们的动手能力。

（五）金华职业技术学院

金华职业技术学院在创办于 1994 年的民办金华理工学院的基础上筹建，1998 年经教育部批准成立，2003 年 1 月 14 日调整为公办普通高等学校。截至 2014 年，该学院共有 15 个二级学院，开办有 73 个高职专科专业。如今，随着该学院电子商务产业的教学理念不断创新，金华职业技术学院把握时代脉搏，大力发展校企合作，为社会培养出一大批专业化的电子商务人才。在发展过程中，该学院主要从以下几方面着手。

1. 强化电子商务专业建设

电子商务是如今的热门专业，在互联网的开放背景下，许多产业都与电子商务发生着联系，线上支付已经逐渐取代了线下支付。金华职业技术学院重视企业在电子商务人才培养中的作用，就电子商务专业与多家企业共同制定人才培养方案，确定人才培养的模式，根据电子商务行业发展情况与从业人员结构，确定电子商务专业课程体系，确保了电子商务专业建设的科学性与先进性。

2. 突出校企合作双重育人

金华职业技术学院在注重学校教育教学发展创新的前提下，也十分关注企业育人，认为校企协作才能够发挥育人效益的最大化。因此，该学院将校企合作贯彻融入人才培养的整个过程，与阿里巴巴菜鸟园开展合作，共同制定人才培养计划。双方在校企合作中按照工学交替的模式设定一系列电子商务相关的岗位，包括电商客服、运营助理、新媒体专员等，供学生进行实习，使学生在真实的工作环境中锻炼自己实操技能，提升自己的实践能力。

3. 促进校企资源共享

校企合作的一大优势就在于学校与企业可以实现优势互通、资源共享，这样一来，资源就将获得"1+1>2"的收益。金华职业技术学院与阿里巴巴实现了校企资源共享，共建"双师型"教师培训基地，以企业资源为教师的专业发展赋能。教师在提升实践能力和教学水平的同时，可以将最新的培训成果与发展理念带入课堂，优化电子商务课程开发。

（六）山东轻工职业学院

山东轻工职业学院是一所省属公办全日制普通高等学校，始建于1960年。学院占地面积370多亩，建筑面积17万余平方米，教学设施齐全，装备比较先进，教学手段科学，建有"高标准，高水平，高境界"的校内外人才培养技能训练平台。多年来，山东轻工职业学院秉持着"工学结合、工学交替"的教学模式，始终遵循"家长放心、学生舒心、企业称心"的教学发展目标，培养了一批又一批优秀的高素质专业化人才，得到了学生家长、企业和社会的一致好评。目前，该学院具有纺织标准实验室、纺织 CAD 实训室、服装立体裁剪实训室、纺织品检验实验实训室等 144 个校内实习实训场所，以及校外实训、教学与科研基地等

290 多个。

山东轻工职业学院所包含的各个院系均在校企合作产教融合领域有所发展，其中，尤以嘉环 ICT 产业学院的发展更为全面。嘉环 ICT 产业学院为山东轻工职业学院的二级学院，下设教学中心、科技中心、学生中心、实训中心四大中心。教学中心主要负责教学、教研等工作；科技中心负责嘉环 ICT 产业学院承接的纵向课题、高端技术服务交付以及政策研究、质量工程等工作；学生中心辅导员按 1 ： 200 标准配备，全面负责团、学工作；实训中心内设实训科、产业科，实训科负责实训基地资产管理、场所设备使用安排及运维、实习实训培训安排与管理，产业科负责招生、就业、拓展社会培训、横向服务等。

嘉环 ICT 产业学院各专业把创业创新教育融于人才培养全程，注重就业创业的基本意识、综合素质、专业技能的培养，按照学生→学徒→准员工→员工的路径培养人才。学院开设"通信行业职业规划"和"通信行业素养"等课程，帮助学生了解职业道德，掌握就业创业技巧，提高职场沟通协调能力、就业能力和职业生涯管理能力，了解行业发展历程、行业组织与标准规范，提高通信行业职业素养。此外，嘉环 ICT 产业学院深入实施现代学徒制，设立了"理论学习—项目实践—理论提升—项目研发"工学交替的现代学徒制人才培养模式，通过一系列的学习与实践，有效提升了学生群体的专业实践能力与专业创新能力。

（七）宜昌市机电工程学校

宜昌市机电工程学校是宜昌市人民政府主办、宜昌市教育局主管的市直属学校，在校生 5000 多人。学校开设机电技术类、机加工技术类、数控技术类、汽车应用类、电子技术类、经贸旅游类六大类 30 多个专业，建有机加工、汽车、数控等三个国家级实训基地，以及计算机、家电、机加工、机动车、电工、数控等 6 个实训中心以及国家级技能鉴定站。

在推进校企合作、深化产教融合的时代背景之下，宜昌市机电工程学校在《教育部关于开展现代学徒制试点工作的意见》、宜昌市教育局《宜昌市职业院校现代学徒制试点工作实施方案》和"职教二十条"有关文件精神的要求下，大力进行教育改革，促进"校企双元育人"，制定了《现代学徒制试点工作方案》和《企业新型学徒制实施方案》。

1. 开展"引厂入校"的发展举措

宜昌市机电工程学校将宜昌安心无忧汽车维修服务有限公司引入校园，与其签署长期合作协议，对学校 5000 平方米汽车实训基地进行企业化改造。例如，学校按照 4S 店的布局进行全面改建，建有养护车间、清洗车间、展示厅、休息区等，给学生模拟真实的 4S 店开设情况，让他们产生身临其境之感，在这样的环境下进行实训，可以取得与现实情况相似的实训成果。

2. 开展"引人入校"，对学生实施"二师一徒"式培养

学校到宜昌安心无忧汽车维修服务有限公司进行实地考察，并由企业进行选拔，从中挑选专业管理人员与技术人员若干名，将其引入学校，组建企业教师团队，为学生进行师徒制培养。

3. 实现"引标准入校"，重新构建课程体系和教学内容

学校根据专业对应岗位与行业的发展情况，引入行业标准，并进行特性化修改与创新，与企业联合制定《汽车运用与维修专业"学徒制"人才培养方案》，该方案将课程体系大致分为四个模块，以便课程解构与重构，从而使得课程设置与职业岗位能够更加高效地对接。

4. "引管理入校"，重建教学管理和评价体系

校园管理模式与企业管理模式存在比较明显的不同，将企业管理方式引入校园，能够丰富单一化的校园学生管理模式。同时，不同的管理

模式互相融合，也有利于管理模式的互鉴，从而对学生管理实现一定程度的创新。宜昌市机电工程学校实现了校企管理重建，与企业共同制定《现代学徒制管理办法》《校企合作协议书》《"学徒制"学习情况记录表》《"学徒制"成绩考核评定办法》《学生企业实践考核表》《现代学徒制企业、学校、家长学生三方协议书》等规章制度相关文件。

5. "引文化入校"，对学生实施企业化养成教育

任何企业能够发展至一定的规模，其原因除了有管理层带领工作人员夜以继日地奋斗之外，还包括丰富的企业文化。企业由于定位不同、目标不同，企业文化也各不相同。企业文化并无优劣之分，只要是有利于企业发展，便是最值得提倡和推崇的文化。高职院校的学生在学校中难以感受外界的企业文化，宜昌市机电工程学校便将企业文化引入学校，让学生充分了解市场运行的规律、产业发展的模式、企业运转的理念遵循等内容，特地编制《企业行为篇》《企业文化篇》《企业精神篇》《优秀企业文化选编》等企业文化小读本，这极大地拓宽了学生群体的知识面，让他们对相关企业具有更加准确的定位，这为培养企业后备人才提供了一定的支持。

此外，宜昌市机电工程学校还推行"进厂办班""进厂培训"等活动，让学生亲身进入工厂，了解工厂的运作情况，为将来选择适合自己的岗位打下一定基础。总之，该学校近年对校企合作所进行的实践与创新成效卓著，为宜昌市当地乃至湖北省的汽车行业发展带来明显的帮助，保障了企业的用工需求，更重要的是帮助数以万计的优秀专业技术型毕业生顺利地找到适合自己的工作岗位，同时也反向提升了学校的办学活力。

（八）宝鸡职业技术学院

宝鸡职业技术学院是 2003 年 4 月经陕西省人民政府批准、教育部备案的一所公办全日制普通高等职业院校，地处华夏始祖炎帝故里、周秦

文化发祥地、中国西部工业重镇、陕西省第二大城市——宝鸡市。

学院继承了陕西凤翔师范学校（1902年）、宝鸡农业学校（1959年）、宝鸡市卫生学校（1934年）、宝鸡市中医药学校（1952年）、宝鸡市工业学校（1964年）、宝鸡市财经学校（1978年）、陕西省宝鸡师范学校（1992年）等原市属7所国家级、省部级重点中专的职教传统，具有100多年办学历史。学院在省内率先通过教育部高职高专人才培养工作水平评估，现为省级示范性高职院校、省级文明校园、省级平安校园、省级园林式单位、中国职教就业百强院校。2020年、2022年在全国高职师范类排行榜中名列第一。

学院位于宝鸡国家高新技术产业开发区东区，校区占地2300余亩，总建筑面积73.83万平方米，固定资产总值18.78亿元；各类藏书187.39万册，教学仪器设备总值2.2亿元；设有15个党政群部门、6个二级学院、6个教学辅助部门和1所二级甲等附属医院（宝鸡第二人民医院，创办于1937年）；教职工和医务工作者1528人，其中专任教师917人，有正高职称38人、副高职称337人，有博士、硕士学位的教师329人，"双师型"教师608人；全日制在校生1.7万余人，开设三年制高职专业54个，涵盖12个专业大类、33个专业类；现有国家级骨干专业1个、教育部"1+X证书制度"试点专业23个、省级一流培育专业5个、省级骨干专业5个、省级专业综合改革项目3个、省级重点专业8个、省级精品在线开放课程3门、省级创新创业教育课程3门、省级优秀教材6部、省级优秀教学团队2个、省级以上教学名师4名、市管拔尖人才和"三五人才工程"5人、国家和省级重点建设实验实训基地6个。

学院秉承百年办学优良传统，始终坚持以服务为宗旨，以就业为导向，走产教融合的发展道路，大力弘扬"精诚致功，厚己达人"的大学精神，积极践行"敦品尚能，学养日新"的校训，努力培育"公诚勤毅"的校风、"崇德敬业，严谨执教"的教风、"勤奋博学，善思笃行"的学风，以"双高型"高职院校建设为目标，以专业建设、课程建设、团队建设、实训条件建设、质量保证体系建设为抓手，不断深化教育教学改革，全面提升人才培养质量和整体办学水平。

学院坚持内涵式与外延式发展并举、职业化与特色化并重的发展道路。学院形成以师范教育、医药卫生、装备制造、电子信息、财经商贸、土木建筑、生物与化工、农林牧渔、文化艺术等12个专业大类为主，融高等职业教育、中等职业教育、职业技能培训与技术服务为一体的办学格局。校内各类实验实训场所83354平方米，有金工、汽车检测与维修、电子、计算机、医护医药、财会商务、农林畜牧、建筑测绘、艺体训练等实训中心11个，各类实验实训室241个，各类实践基地188个，被宝鸡市政府列为中国西部职业教育综合性实训基地。

学院遵循"产教融合、校企合作、工学结合、育训并举"的理念，积极推进基地、招生、教学、科研、就业"五位一体"合作模式。与吉利汽车集团共建吉利汽车学院，与宝鸡机床集团合作开展"现代学徒制试点"等，先后与陕西省内外200余家大型企业建立了校企合作关系，开设各类订单班、定向班37个，建立技能大师工作室10个，基本实现开设专业校企合作项目全覆盖，为学生搭建了广阔的就业创业平台，实现了企业与人才的无缝对接。建院以来，学院为社会培养高等技术应用型专门人才和高技能人才18万余名，应届毕业生平均就业率达95%以上；招生扩大到全国15个省、市、自治区，招生数量在陕西市属高职院校中名列前茅。

学院持续加强基础设施建设，不断完善教学功能和办学条件。投资10.8亿元（基建投资5.18亿元）的宝鸡（国际）职业技能实训中心于2021年9月竣工；投资2.28亿元的图书综合楼于2021年12月竣工；投资1.47亿元的1号学生食堂、6号学生公寓2020年9月投入使用；投资1400万元的第十四届全运会足球主赛场改造工程于2020年9月底竣工。

学院将立足宝鸡，面向西部，辐射全国，积极打造一批适应区域社会经济发展需求的特色专业，建设一支高水平的双师素质型教师队伍，建成西部最大的区域性产教融合实训基地，积极打造技术技能人才培养和协同创新高地，优势专业在省内保持领先地位，人才培养质量得到社会高度认可，努力向建设全国"双高"高职院校的奋斗目标迈进。

（九）西安建筑工程技师学院

西安建筑工程技师学院是经陕西省人民政府批准、省人力资源和社会保障厅管理、教育部门备案的全日制省级重点院校，是国家重点投资项目，西部地区建筑、轨道交通工程类专业核心院校，是中国建筑行业人才定点培养院校、中国铁道建筑总公司定向培养合作单位。同时，该院校还是西北地区唯一一所拥有"情景再现"教学平台、以建筑及轨道交通工程专业为特色的重点院校，为莘莘学子实现人生理想提供有力保障。

1. 名家办学、专家治校，教学模式，独具特色

学院以培养建筑和城市轨道交通工程方面的高级技能人才为主，定向招生，委托培养，对口就业。学院顺应国家发展需求，先后与中国葛洲坝集团公司、中国能源集团西北电力建设第四工程公司、陕西建工集团总公司签订了人才培养订单，与中铁电气化局建立战略合作伙伴关系，做到了学生一入学即签订就业协议，解除家长和学生的后顾之忧，毕业时实现高薪就业，稳定就业。学院培养的毕业生已经成为国家铁路事业、大中型建筑施工、建筑装饰、公路施工管理、城乡规划、房地产开发等企业以及其他企事业单位的技术、管理骨干，毕业生以职业素质高、动手能力强享誉社。

2. 精品专业，成绩斐然

学院精品专业成绩斐然，开设建筑工程技术、城市轨道运营与管理、

城市轨道交通工程技术、工程造价、学前教育、铁路工程测量（无人机方向）、消防工程技术等优秀专业。该院被誉为"高级技工的黄埔，专业人才的摇篮"。同时，该院校还是西北地区唯一一所拥有"情景再现"教学平台、以建筑及轨道交通工程专业为特色的重点院校，为莘莘学子实现人生理想提供有力保障。

（十）山东外国语职业技术大学

山东外国语职业技术大学是由山东华信工贸有限公司举办的本科层次职业学校，始建于 2005 年，前身为山东外国语职业学院。学校于 2018 年 12 月经教育部批准升格为职业本科学校，并于 2019 年 5 月更名为"山东外国语职业技术大学"，成为全国首批本科层次职业学校之一。世界著名物理学家、诺贝尔奖获得者丁肇中先生为学校名誉校长。

学校始终坚持社会主义办学方向，全面贯彻党的教育方针，秉承"质量立校、特色发展、产教融合、服务地方"的办学理念，践行"脚踏实地、放眼世界"的校训，坚持立德树人，不断深化产教融合、市校融合、校企合作，大力培养各类高层次技术技能人才，努力为区域经济社会和行业企业发展提供高质量服务，取得了较为显著的成绩。目前学校是"山东省重点服务外包人才培训基地""日照市外向型经济发展研究基地""日照市外语与外宣发展研究基地""日照市金融市场研究基地"，先后荣获"全国高职院校国际影响力 50 强""山东省高等学校教学管理先进集体""山东省高校思想政治教育工作先进集体""山东省校企合作先进单位""山东省产教融合（校企合作）示范单位"等 100 余项荣誉。

学校拥有优良的办学条件。截至 2022 年 9 月底占地约 8000 万余平方米，校舍面积约 51.49 万平方米；教学仪器设备总值 1.1 亿元，馆藏图书 243.76 万册；专任教师 1099 人，其中副高级及以上专业技术职务教师 330 人，具有硕士及以上学位教师 611 人，"双师型"教师 618 人；拥有省级教学团队 4 个，省职业教育名师工作室 2 个；有全国模范教师 1 人，省级教学名师 5 人，聘有各级各类首席技师、技术能手 60 余人；建有"日照市数字化学习工程技术研究中心"、同声传译、数字媒体等 129 个实验实训室；有大连商品交易所、山东五征集团、日照大宗商品交易中心等 200 余家实习实训基地，充分满足学生实习实训需要。

学校人才培养体系较为完善。现有经济学、文学、工学、管理学、艺术学 5 个学科门类，58 个专业，其中有职业本科专业 17 个；拥有省级品牌专业群 2 个，省级特色专业 4 个，省级精品课程 10 门，省级职业教育精品资源共享课程 8 门，省级成人高等教育特色课程 3 门，参与建设职业教育专业教学资源库省级项目 1 项、国家级 2 项；截至 2021 年 12 月拥有全日制在校生 17300 余人。

在长期的探索与积累中，学校逐渐形成了符合自身实际的办学特色与优势。

一是加强了党建与思政工作。加强组织建设、思想政治建设、党风廉政建设，抓牢意识形态和统战工作，充分发挥党组织的政治核心作用；建校即成立了校党委，历任党委书记均由日照市委委派，设有专职副书记；推动校党委、董事会、校行政领导班子成员实现双向进入、交叉任职，党委参与关键事项的决策与监督；充分发挥基层党组织的战斗堡垒作用，实行党委委员联系二级学院、中层党员干部联系班级、教工党员联系宿舍三级联系制度，持续开展"凝聚力工程""先锋工程""阵地工程"三大工程，为学校持续健康发展把关定向。

党建工作全方位加强，促进了思政工作水平的提升。学校以社会主义核心价值观为引领，成立党委教师工作部和日照市第一家高校党外知识分子联谊会，加强教师思政工作；以构建"三全育人"体系为抓手，以"专业育人"为核心，推进思政课程与课程思政建设，制定课程思政、"三全育人"实施方案以及第二课堂学分实施办法，提高学生的思想道德素质；构建了"一二三四六"育人体系，即以立德树人为根本，搭建社区公寓和社会实践"两个平台"，依托辅导员、班主任、学生骨干"三支队伍"，拓宽思政育人、文化育人、专业育人、实践育人"四个渠道"，推进思想政治教育、党团组织、安全保卫、辅导员、心理健康教育、校园文化"六进公寓"，以此实现立德与树人、育人与育才的有机结合，构建校内上下联动、各环节多方协同，校内校外结合的育人格局。全方位的育人体系应用效果明显，先后涌现出山东省十大优秀学生李伟，救人英雄梁永田，日照市见义勇为先进个人马广振、蒋旭浩、贾集锋等先进典型。

二是形成了"外语＋职业、专业＋外语、理论＋实践、学校＋企业"的人才培养模式。学校对接行业企业人才需求，着眼于培养"会一门外语、掌握一门技术"的复合型人才，形成了"外语＋职业、专业＋外语、理论＋实践、学校＋企业"的人才培养模式。首先，外语类专业根据职业面向，设置职业方向课程，提高学生职业能力；非外语类专业根据岗位特点，加大专业外语课程开设力度，强化学生外语能力。其次，各专业对接职业岗位（群），推动课证融合，教育引导学生学习通用技术，练好专业技术，掌握拓展技术，提升技术技能。最后，围绕应用外语类、经贸类、信息技术类等专业，强化专业交叉融合，培育、打造"外语＋技术"的专业特色，不断提升学生的就业竞争力。

三是推行了"精讲多练、学用结合"的教学模式。学校根据人才培养定位，确立了"精讲多练、学用结合"的教学模式。"精讲"基础理论、核心知识，"多练"专业技能，坚持学为基础、用为关键，构建公共技术技能、专业技术技能和拓展技术技能三大板块课程体系，大力实施"三教改革"，实现"教、学、做"一体，提高学生的跨专业能力。截至2021年2月，学生有1100余人次在省级及以上技能大赛中获奖。其中，获国家级特等奖、一等奖103人次，省级特等奖、一等奖170人次。

四是畅通了"三引三送"的国际化办学道路。大力实施"国际化办学"战略，坚持"三引三送"国际化办学道路，引进国外先进办学理念和管理经验、引进国外优秀教师和优质教育资源、引进国外留学生，送学生国外留学、送学生国外就业、送教师境外进修；加强国际合作平台建设，与韩国仁德大学等 11 所高校发起成立"AU+ 亚洲大学联盟"，与 105 所境外高校结为姊妹学校，开展专科"2+2""3+1"、本科"2+2""4+2"等办学项目。学校 2021 年 2 月前近三年累计引进高层次外教 210 人次、"海归"人员 91 人，培养国外留学生 420 名；累计输送 1116 名学生国外深造，400 余名学生国外就业，108 名教师境外培训，有力促进了学校人才培养质量的提高。

五是紧密对接产业发展设置专业。学校紧密对接山东省和日照市产业需求设置专业。对接汽车制造等主导产业，强化建设以商务英语为核心的外语类专业群和以电子商务、国际经贸为核心的经贸类专业群；对接信息技术、康养、精品旅游等新兴产业，大力发展以软件工程为核心的新一代信息技术专业群、以旅游管理服务为核心的旅游类专业群和以学前教育为核心的幼儿教育与发展专业群；对接日照黑陶、剪纸、绿茶等特色产业，与日照广云黑陶艺术研究所等共建艺术设计专业群。同时，对接日照油气仓储与交易产业，筹办石化自动化专业；筹建院士工作站，面向消防、气象培养技术人才，开展无人机产品应用及服务。

在根据日照产业需求优化设置专业的基础上，学校大力推进产业学院建设，实施"一二三"建设工程，即每个学院依托优势专业（群）举办一个产业学院，建设两个品牌特色专业和三门精品在线开放课程。与山东展望信息科技股份有限公司合作共建"智慧建筑产业学院"，整合建筑工程、网络、软件等现有专业，开设智能建造工程专业培养智慧建筑专业技术人才；与山东蓝鳗文化创意有限公司依托艺术设计、数字媒体艺术现有专业共建"电商设计产业学院"，培养专业电商设计专业人才。

　　六是践行了服务社会的办学理念。学校依托自身优势，积极参与社会服务。第一，广泛开展应用研究。根据区域经济社会发展需要，设立日照外向型经济研究所、金融研究所等机构。第二，发挥专业优势服务社会。2017年与大连商品交易所共建产业培训基地（该所在全国设立的唯一一所），截至2021年2月到学校接受免费培训的金融类企业达220余家650余人次；依托电商物流专业群及"山东省跨境电商实训基地"，为企业免费培训500余人次；依托外语各专业，先后为日照五征集团、日照港集团等企业开展外语培训600余人次，为日照市委市政府、中国－中亚合作论坛和中澳经贸论坛等提供翻译服务百余次。

　　升本以来，学校紧紧围绕"产教融合""市校融合"，深度融入职教创新发展高地建设和"城市＋大学共同体"建设，与区域经济社会发展同向同行。成立了市校融合领导小组，统筹开展市校融合工作；与中国人民银行日照市中心支行、日照市金融学会签署了战略合作协议，成立"金融理论研究与实践基地"，培养高层次金融类技术技能人才。发挥专业技术优势，为日照市第三方城市管理综合考核社会化服务项目提供数据分析与管理服务，助推日照城市建设；与岚山区碑廊镇人民政府开展战略合作发挥学校人才、技术优势与碑廊镇的资源、产业优势，实现双方优势互补，共同发展。

　　当前，山东省和日照市经济社会高质量发展持续向前。学校将以"乘风破浪"的敢闯、敢创、敢当的勇气和魄力，紧紧抓住新时代本科层次职业教育改革的宝贵契机，永葆职业教育属性和特色，探索走出一条职业本科学校特色化、差异化的"以质图强"之路，为国家完善现代化职业教育体系、为区域经济社会发展贡献应有的力量。

第三节　校企合作的意义与价值

一、有利于推动职业教育进一步发展

职业教育是我国教育事业的重要组成部分。职业教育是社会发展的产物，是人类文明发展的产物，总之，是如今社会发展不可或缺的教育环节。尤其是社会主义现代化的今天，职业教育已经成为推动产业变革、促进经济发展的重要手段和途径。职业教育与传统的学术型教育不同，其侧重点在于实践性和应用性。科学合理的职业教育能够培养出大批具有专业技术的人才，他们可以直接对口社会中各个具体的岗位，从而在各个行业"发光发热"。发展职业教育是时代的呼唤，也是产业变革的诉求。如今，我国的职业院校越来越多，职业教育的教学模式、教学手段、师资构成均有了明显的进步。不过，部分地区的职业教育还存在需要完善之处，而校企合作便是推动职业教育发展完善的必备良药。

首先，校企合作可以构建学校与企业沟通的桥梁，让企业中的各种讯息流入学校。学校是一座"象牙塔"，即使是高职院校中，学生与外界实践岗位所能够发生的联系也十分有限，多数情况下，学生只能在书本上了解各行业、各岗位的相关讯息，这对于学生未来的就业发展并不会产生明显的积极影响。而大力开展校企合作，学校中的教师会进入企业，企业中的专技人员也会进入学校，在双方的沟通交流中，许多企业中的讯息会进入学校，学生即使不出校园，也能够与外面的世界接轨，充分了解社会中真实的行业情况，这有利于他们更好地规划未来。同时，这对于教师也有十分积极的作用，教师也能够根据行业发展现状来随时调整自己的教学方案，从而为学生提供更具现实意义的优质课堂。

其次，校企合作可以校企共享各类硬件设施，从而提升职业教育教学质量。职业教育最大的特点就在于实践性强、针对性强，主要目标是培养能够直接对接岗位的专技人才。这就要求学生在校期间预先接触工作所使用的硬件设备，逐渐熟悉、不断摸索，这样才能缩短进入社会所需要的缓冲时间。然而，许多高职院校由于资金受限，所具备的硬件设施并不完备，这显然不利于高职教育的全面发展。而校企合作能够加深校企双方的融合协同程度，学生可以在教师或企业员工的带领下，接触并使用硬件设备，这既能够提升学生的实操能力，又能够丰富和完善职业教育，助力职业教育的多元化发展。

最后，校企合作可以校企共同开展各类实践活动，提高学生群体对于实践活动的重视程度，以促进实践教学不断发展。校企合作的背景下，无论是在学校中还是在企业中，抑或是在其他场所，都可以校企共同举办实践教学的相关活动。在活动中，学生能够了解行业实施发展动态，掌握基本实操技能，教师能够对行业发展进行前瞻。总之，这对于职业教育的发展具有十分重要的现实意义。

二、有利于促进我国经济科技的发展

"坚持教育为社会主义现代化建设服务，为人民服务，与生产劳动和社会实践相结合，培养'德、智、体、美'全面发展的社会主义建设者和接班人，是我们党一贯坚持的教育方针。而高校与企业的合作关系，本质上是教育与经济的关系。校企合作是教育与经济相结合的产物，是教育与生产劳动和社会实践相结合的具体途径和实现形式。"①可见，校企合作能够实现学校与企业的联通，深层意义上则意味着经济与教育的有机结合，这样一来，教育被赋予了经济的内涵，而企业也被赋予了教育的内涵，这种互相渗透与结合则有利于我国经济科技的发展与进步。

在市场经济的背景下，我国企业众多。各企业为了获得更加长足的发展，都在企业竞争中不断摸索，都希望寻求更加强有力的技术支持与人才补充。如果企业缺乏后备人才，只是有老一辈的技术人员"顶"在前面，久而久之，企业的发展动力不足，则容易引发一系列不良的情况。这对于行业整体的经济科技发展也是极为不利的。开展校企合作，学校中的学生虽然暂未走出校门，但是如果经过系统培训，未来必将成为企业发展和创新过程中竞争力的重要保证。总之，高校和企业在市场、人才、技术以及资金等方面各有优势。高校作为培养人才的摇篮，拥有丰富的人才资源和高水平的科技专家，适合开展具有目标导向的应用研究；企业作为技术创新的主体，最贴近市场，在资金投入方面也有一定的优势。校企合作可谓"强强联合"，共同整合创新资源，提高技术创新能力。

三、有利于打造高质量双师教育队伍

教师，作为教育事业的"主力军"，肩负着将知识传授给学生的重任。随着教育理念与人才培养理念不断发展和革新，教师也被寄予了更多的期望，这在职业教育中尤为明显。如今，合格的职业院校教师必须要具备全方位、体系化的能力，如果只是具备一定的理论知识，而缺乏将理论转化为实践的能力，或者缺乏带领学生进行实践的能力，那么职

---

① 师俊英.高校产品设计专业校企合作模式的分析研究[M].成都：电子科技大学出版社，2017：50.

业教育恐怕也只能沦为空谈。因此，打造高质量的职业教师队伍尤为迫切。如今职业教育的教师培养标准为"双师型"教师，"双师"的内涵解读具有不同类别，本质倾向于认为"双师"指教师具有"双素质"，即理论教学素质与实践教学素质。发展校企合作，则能够有效促进学校打造高质量双师教育队伍。

一方面，校企合作给予高职院校教师深入企业、实地考察、广泛研习的机会，在这样的际遇下，教师可以改变传统的工作模式，在课程之余到企业亲身经历、亲自感悟，大幅提升自身实践能力，加深对专业对口岗位的理解。

另一方面，校企合作给予高职院校教师与企业优秀员工互相交流、深入学习的机会。高职教师虽然具有相对完备的理论知识，也有一定的教学能力，但是他们的实践能力往往较弱，相较于常年在企业中工作的技术人员，教师的实践能力有待提高，也只有教师自身的实践能力提高之后，教师队伍才能朝着"双师型"的目标不断发展，才能够为学生进行科学正确的示范，促进他们实践能力的提升。

第四节　产教融合与校企合作的关系

一、产教融合与校企合作简述

产教融合与校企合作均属于当代实践型专业人才培养的重要方式和途径，"进入新世纪以来，随着我国职业教育的蓬勃发展，无论是会议文件还是报章杂志，将校企合作与产教融合相提并论的现象不胜枚举，以至于人们对校企合作和产教融合的概念早已耳熟能详，而实际上两者虽密切相关但并不等同。因此，有必要对校企合作和产教融合的相同与相异之处加以论析。这对于我们更好地理解党和国家的方针政策，主动适应新常态、自觉践行新理念，从而营造全社会充分理解、积极支持、主动参与产教融合的良好氛围大有裨益。"①

二、产教融合与校企合作的差异

产教融合与校企合作二者既有相同，又有不同，可谓同中有异、异中有同。产教融合与校企合作共同形成于 20 世纪，繁荣于 21 世纪，二者的相同之处显而易见，它们共同作用于当代的技术型人才培养事业之中，都要求探索校企双方的持续发展机制，建立学校和企业之间长期稳定的组织联系制度，从而实现互惠互利、合作共赢。但是产教融合与校企合作的差异性却隐匿于二者的共同点之中，经常令人混淆，因此对产教融合与校企合作的差异性进行分析与论述具有重要意义。

第一，产教融合与校企合作的侧重不同。产教融合重在"产"，校企合作重在"校"。产教融合既是人才供给侧结构性改革的重点领域和关键环节，也是深化教育供给侧结构性改革的重要问题和重大举措，而让行业企业成为重要办学主体又是其战略选择和核心所在。目前，我国职业教育面临结构不合理、体制机制不顺畅、校企合作不深入等现实问题，特别是教育人才培养和产业需求的"两张皮"现象十分突出——一方面是高技能人才的资源匮乏，另一方面是高级专业技术人才的严重浪费，致使职业教育成为制约经济结构调整的症结和瓶颈。因此，具有基础性、先导性、全局性特点的教育结构调整，是经济领域供给侧结构性改革的重要抓手。同时，要坚持问题导向，把落脚点放在建立以深层矛

---

① 刘士祺.校企合作与产教融合异同论[J].高教学刊，2018（10）：191–193.

盾为指向的教育优先供给机制之上，推动教育与经济社会发展相协调，促进就业创业，引领和支撑产业转型升级。深化产教融合作为完善现代办学体制和教育治理体系的一项制度创新，对于促进教育链、人才链与产业链、创新链的有机衔接，发挥着极其重要的作用，是新形势下转型升级的"助推器"、促进就业的"稳定器"、人才红利的"催化剂"。

第二，产教融合与校企合作的地位不同。校企合作和产教融合虽然同为职业教育发展的命脉之门，但两者的地位和作用并不对等。产教融合是政府与市场有效对接和合作互动的战略举措，而校企合作只是产教融合战略的外在形式与实现途径。"产教融合的'产'指的是'产业'，'教'指的是'教育'。这里，深化产教融合，关键在于校企合作质量。如果说校企合作是手段与平台，那么产教融合是目标与结果。"[①]可见，产教融合与校企合作虽然指向相同，但是二者的地位、高度却存在比较明显的差别，曾经所存在的"产教融合与校企合作地位一致"的看法与观点并不确切。

综上，产教融合与校企合作存在诸多差异性，但是二者在更深层面也存在着一定的关联。发展产教融合与校企合作的根本途径与主要措施具有一致性与统一性。"《国务院办公厅关于深化产教融合的若干意见》首次明确了深化产教融合的政策内涵和制度框架，从企业参与、学校培养、政府主导、政策支持等四个层面，提出了产教深度融合的实现途径，揭示了校企合作和产教融合的内在关联。"[②]通过以下方式，能够协同产教融合与校企合作，促进二者的协调同步与快速发展。第一，强化企业重要主体作用。无论是产教融合还是校企合作，都是学校与企业的合作发展，在整个过程中，任何一方都不应占据绝对的主导地位，当然也不

---

① 刘士祺 . 校企合作与产教融合异同论 [J]. 高教学刊，2018（10）：191-193.
② 刘士祺 . 校企合作与产教融合异同论 [J]. 高教学刊，2018（10）：193.

应完全屈从于另一方。而如今许多高职院校的校企协同育人模式存在一个重要问题,即"校热企冷",学校对于双方的合作满怀期待,而企业由于多方面的原因,如社会压力、经济压力等,在合作过程中表现出敷衍了事的情况。同时,由于制度层面有待完善和创新,企业在合作中的主导性也在一定程度上受到打压,因此要强化企业重要主体作用,激发企业的合作积极性。第二,要将培育工匠精神融入基础教育,组织开展"大国工匠进校园"活动。要推进产教协同育人,坚持职业教育校企合作、工学结合的办学制度,为学生提供多样化成长路径;要加强产教融合师资队伍建设,支持企业技术和管理人才到学校任教,以及在职教师定期到企业实践锻炼;要完善考试招生配套改革,建立复合型、创新型技术技能人才系统培养制度。第三,给予校企协同育人充分的政策支持。要实施产教融合发展工程,支持一批高等职业学校加强校企合作,共建共享技术技能实训设施,加强产教融合实训环境、平台和载体建设;要落实财税用地等政策,优化政府投入,完善职业教育、高等教育拨款机制;要强化金融支持,鼓励金融机构支持产教融合项目,积极支持符合条件的产教融合项目建设。

总之,产教融合与校企合作既有联系,又有分殊,不过二者的最终指向均是促进职业教育实现快速发展,为我国社会培养出一大批具有专业技能的应用型人才,从而确保为我国的产业转型与经济社会协调发展带来源源不断的动力。

第三章　国内外校企合作人才培养基本模式解析

第一节　概述

伴随时代的快速发展，我们所处的当代社会已经进入一个"大科学"和"知识经济"发展阶段，多重学科相互渗透、相互交叉已经成为一个显著的特征。20世纪以来许多发达国家开始大力发展校企合作办学，这些高校在理论研究与实践教学方面已经取得诸多成绩，通过加入丰富的企业内容，便可促进教育教学事业实现更进一步的发展。这不仅提高了社会中诸多企业的研发能力，也为学校的师生提供了接触社会和施展才华的机会。

如今关于高等职业教育领域的发展，世界各国都十分关注，各国都认为积极推进校企合作对于提升职业教育质量具有十分重要的现实意义。

目前国外的校企合作人才培养已经形成了比较成熟的理论体系，并且在现实的应用与实践中取得了不错的成绩。而发达国家之所以能够将校企合作与职业教育巧妙结合，是因为他们对于校企双方的准确分析与判断。"美国、英国、德国、日本等国家在校企合作的实践探索和理论研究上已形成比较定型的模式，积累了许多我国可以借鉴的典型经验。例如，德国职业教育的'双元制'、美国的'合作教育'模式、英国的'三明治'模式、日本的'产学官合作'模式等，均在不同程度上体现了学校与企业共同培养人才的校企合作模式。"①各发达国家校企合作模式如表3-1 所示。

表 3-1　各发达国家校企合作模式

国家名称	校企合作模式
德国	双元制
美国	CBE 模式
英国	工读交替
日本	产学合作
新加坡	教学工厂
澳大利亚	TAFE 模式

总的来看，发达国家（如美国、德国、英国、加拿大等）校企合作、工学结合教育模式具有以下共性。

第一，工学结合学制灵活，在校理论学习与在企业工作实习分配合理，在企业工作实习的时间有保证；

第二，企业积极参与对学生的培养，不仅为学生提供实践的机会，还相应地给予一定的报酬，可以提高学生在企业工作实习的热情；

第三，学校教育紧贴企业需要，真正做到了与企业的"零距离"接触；

第四，高等院校与企业在合作教育过程中，既可以为社会发展培养人才做出贡献，又可以在许多方面实现"双赢"。

在辩证观点的视角下，我们为了实现更好的发展，应当善于在宏观思维和宏观视角的影响下分析问题并解决问题，在职业教育领域，也应

---

① 尹庆民，陈浩，裴一蕾，等.校企合作研究——基于应用型高校的模式及保障机制 [M].北京：知识产权出版社，2012：45.

当善于吸收其他国家的发展优势。"在职业教育领域，积极推进校企合作对提升职业教育质量具有重要意义。从职业教育发达国家或地区的办学经验来看，这些国家或地区普遍重视校企合作，并将其摆在职业教育发展的重要位置，并在长期的校企合作实践中形成了各具特色的办学模式。在国际比较视野下，对国内外职业教育校企合作的成功经验进行分析，并根据我国职业教育发展实际，取其精华、去其糟粕，有助于提升我国职业教育的校企合作水平。"[①]

第二节　国外校企合作人才培养基本模式

一、德国双元制人才培养模式

德国主流的校企合作人才培养模式为学徒制，人们更习惯称之为双元制。随着各国对于职业教育重视程度的提高，德国双元制以其优越的可行性与现实性为人们所熟知，被多国纳入职业教育的重要研究范畴之中。"双元制体系中，企业提供实践训练，学校提供相关理论课程。它是一个包含不同的参与方、责任方、利益方和行为逻辑的复杂结构。它有着政府主导、各方通力协作的前提，同时它有着理论联系实际、提供多样化的职业教育和培训的国际化程度高的特点。"[②]因此，对德国双元制人才培养模式进行深入研究，对于我国的教育事业发展具有重要的参考和借鉴意义。

---

① 刘康民.高职教育供给侧改革研究[M].北京：北京理工大学出版社，2020：118.
② 王瑾.德国双元制职业教育及启示[J].科学咨询（科技·管理），2021（12）：96-98.

（一）双元制的基本内容

所谓"双元"，指职业培训要求参加培训的人员必须经过两个场所的培训：一"元"指职业学校，让学生在学校中接受固有专业知识的教育，这能够扩充学生的知识储备，为学生今后的学习和发展打下比较坚实的基础，基础知识的认知与了解是他们今后提升自身各项能力的前提；另一"元"则指的是企业或公共事业单位等校外实训场所，在校外进行培训，能够让学生将学校中学到的内容在实践中进行现实性转化，从而提高自身的专业技术能力。德国实行以就业为导向并将职业学校和企业并列为培训主体的"双元制"职业教育模式。双元制的人才培养模式在德国十分流行，并且经过多年发展，为德国社会输送了大批专业人才。

"'双元制'的核心内容是以理论知识为基础，以应用为目的。'双元制'中一'元'是负责传授专业知识的学校，另一'元'是主要负责培养专业技能的企业。教学活动在高校和企业轮流交替，校企双方共同培养应用型人才。'双元制'模式是以企业为培养学生的主体，以培养学生的应用能力为中心，以'企业需求、能力培养、职业发展'为原则进行教学，考核以职业要求为标准，由企业和学校共同参与。具体操作过程中，一般企业培训归联邦政府负责，学校方面由州负责。资金来源有三个渠道：企业的培训经费由私人企业承担；学校经费由所在州和所在地政府承担；涉及跨企业培训的，经费由各相关参与单位一起承担。"①这种模式结合了学校、企业、市场等方面，企业可以参与职业教育，与学校共同构成完整的教育模式，学生可以遇到与现实社会十分相近的场景和环境。

德国的职业教育是国家教育事业的重要构成，学生群体一般在九年

---

① 何法江，李智忠，姚红光.民航人才培养的校企深度合作机制研究[M].北京：国防工业出版社，2017：59.

级之后就要开始接受职业教育。九年级之后的职业教育学习过程普遍为2年至3.5年。职业教育开展之时，职业院校与企业便开展全面协同教学模式，学校为学生传授理论知识，而企业则为他们提供实践培训。在他们看来，职业教育并不是"成绩差"的表现，反之，职业教育备受推崇，人们普遍认为只有掌握学识与技术，才能算作真正知识渊博的人。也因此，德国的双元制职业教育发展得十分迅速且受众极广。"大约53%的德国适龄学生选择接受双元制职业教育，每年大约50万人通过双元制职业教育系统进入人力市场。德国的职业学校与大约43万家企业合作，超过80%的德国大公司都参与双元制培训计划。德国双元制职业培训领域涵盖技术、农业、商业和工业部门，也涉及公共行政、保健和社会服务等约350个不同的职业领域。"①

德国双元制职业教育对于德国教育事业发展具有深远的意义，具体体现在以下方面。第一，德国双元制为职业教育提供充足的体制保障。德国的职业教育经过多年发展，已经比较完备，由多部门协同管理，有相对清晰而标准的步骤和要求。其中有联邦文化教育部、经济贸易部、大行业协会等，不同的组织和机构具有不同的分工，如职业学校由学校管理局负责管理等。第二，德国双元制彰显了产教融合的育人特色。德国职业教育明确规定了教学和实训的要求，这些要求与产教融合的育人目标、原则等内容相得益彰。第三，德国双元制保证了生源的产教融合。"德国崇尚职业教育，职业教育毕业生的社会认可度高，工资待遇好，个人成就感强。德国在基础教育阶段实行两次分流，都不以学生的学习成绩作为主要依据和标准，而是考虑学生的个体差异、兴趣爱好、未来职

---

① 王瑾.德国双元制职业教育及启示[J].科学咨询（科技·管理），2021（12）：96-98.

业倾向等。"①

（二）双元制的主要特点

1. 以职业性为主要导向

德国双元制教育始终以职业性为主要导向，实现理论教学与实践技术教学的巧妙融合。双元制并非单纯意义上的职业教育，而是复杂的体系。

首先，双元制要求培养学生关于某类职业的必备技能，而不是某个企业所需的技能。"在双元制中，学徒在企业中的培训必须遵循相应的职业培训条例，而这些职业培训条例是联邦政府、州政府、行业协会以及工会通过严格而复杂的程序协商确定的。后来更是引进了基础职业培训年，其假设是，广泛的初级职业资格基础可以使劳动者在不同工作场所及公司甚至部门之间的灵活性和活动性最大化。"②

其次，双元制要求培养职业所需要的全部技能，而不是某一方面的"零碎"技能。因此，德国职业教育十分全面，教师专业能力过硬、十分全面，能够提升学生的"整套"能力。

再次，双元制要求打造企业本位的培养模式。在德国职业教育系统中，人们普遍认为必须要经过企业的历练，才能成就专业卓著的专业人才，缺乏企业实践，即便个人具有丰富的理论知识，也无法为企业带来长远的效益。

最后，双元制常常与特定的职业资格联系在一起。学生想要通过双元制的培训进入行业，除了要完成相关的学业之外，还要努力考取职业

---

① 周彦兵. 产教融合视域下德国"双元制"模式分析及借鉴 [J]. 教育与职业, 2020(12): 65-70.
② 关晶. 职业教育现代学徒制的比较与借鉴 [M]. 长沙：湖南师范大学出版社, 2016: 77.

资格，只有符合了相关从业资格要求，才能从事这一行业。"学徒如果能够通过最终考试，就可以获得全行业认可的从业资格。德国企业界对这种从业资格非常看重。他们坚持认为只有参加了双元制的人，才有资格进行这种从业资格的考试。"①

2. 以利益均衡的合作机制为基础

在德国双元制模式下，政府、工会、行业协会以及学校，都扮演了十分重要且各不相同的角色，它们通过互相协商，对双元制的具体实践达成比较一致的意见，从而形成对于双元制的相关规范。这些组织代表了双元制的所有利益相关者，除了政府与学校之外，雇主的利益是行业协会所代表的，学徒的利益则是由工会代表的。"在双元制的许多组织和管理机构以及规范订立过程中，都可以看到这种利益均衡的合作机制。比如对双元制运作起指导和协调作用的联邦职业教育研究所领导委员会是由 11 名雇主代表、11 名工会代表、5 名联邦政府代表以及 16 名州政府代表组成的；各行业协会组织的、对州政府就职业教育相关事宜提供咨询建议的职业培训委员会是由各为 6 名的雇主代表、雇员代表以及职业学校教师组成的；考试委员会由数量相等的雇主和工会代表以及至少 1 名职业学校教师组成。"②

3. 以企业全面参与为主要方式

在德国双元制教学模式下，企业的参与程度很大，校企合作并不只是"走过场"，而是深入联系，深入交流，在教学的许多领域都有企业的渗透。

---

① 关晶.职业教育现代学徒制的比较与借鉴[M].长沙：湖南师范大学出版社，2016：78.
② 关晶.职业教育现代学徒制的比较与借鉴[M].长沙：湖南师范大学出版社，2016：79.

4. 规范体系相对完善

德国双元制有相对完整、清晰、科学的规范体系。第一，德国双元制有十分完善的法律体系，同时职业学校的义务教育也受到各州《学校法》的具体规范。第二，《职业培训条例》和《框架教学计划》使得企业培训与职业学校教学有章可循。此外，德国还根据上述法律法规制定了比较完善具体的督导体系。

（三）德国双元制优秀案例分析

德国应用科技大学着重于应用科学方面，强调对学生实践能力的培养，与区域内企业紧密合作。应用科技大学已成为提供双元制课程的主要院校。以巴伐利亚州的代根多夫应用科技大学为例进行分析，该校成立于 1994 年，共有自然科学与工业工程、土木与环境、电气工程与媒体技术、机械工程与机电一体化和工商管理与计算机科学 5 个学院，该大学与巴伐利亚州的企业合作紧密且很有成效。

1. 别具一格的教学方式与学分管理制度

代根多夫应用科技大学的教学形式主要有两种，分别为常规教学和项目教学。

（1）常规教学。常规教学是学院在固定的教学场所提供机械、计算机、电子专业的基础课程教学。学生的在校学习时间不以学年来衡量，而以学生完成课程的时间来计算。学生在一个时间段内可以报名一门课程，也可报名多门课程，课程结束后考试合格即可报名下个阶段的课程，全部考评合格后便可毕业。

（2）项目教学。"项目教学是企业委托学院解决生产和研发上的小问题，学院为企业研发成立项目课题，学生报名参加项目，在完成项目的过程中学生学习并实践，项目结束即项目课程完成。对应着其教学方式，学院的师资也分成两部分：大约占总数 30% 的教师团队负责常规教学；

另外约占总数的 70% 的教师团队负责项目教学。他们既负责项目过程中的教学指导，也负责项目的实施，保障项目的顺利完成。"[①]

2. 企业全面参与学校的教学和管理

代根多夫应用科技大学的校董会共 16 人，8 人是校内教职工人员和学生代表，8 人是校外企业和研究所的专家。

企业代表有来自著名公司 Lindner、Zollner、Edscha、Vorsitzender 等的企业高层主管代表。企业的主管代表参与学院的管理和考评，企业参与院校的专业设置和未来规划。"校外导师制"是该大学的一个企业资助项目，校外导师是企业有经验的专家，成绩优秀的学生可以申请校外导师。导师在项目研究和毕业实习等方面对学生进行指导。

3. 企业为实习与科研提供优异条件

德国企业会将提供的实习岗位公布在公司的网站上，欢迎学生来应聘。应用科技大学的本科学习一般是 7 个学期，第 7 学期的任务是实习和毕业设计。实习和论文可以在企业完成。应用科学大学大约有 70% 的学生选择企业中的实际问题为论文或设计的题目，并在企业做毕业论文（设计）。企业为学生提供一定的工资和租房补助。除了企业外，政府和基金会也为学生学习提供一定的经费，企业赞助大约占 30%。这些经费可帮助学生进行海外实习和项目研究等。

此外，企业还参与大学的项目式教学。合作企业可以提出项目的题目，要求 5～8 人组成项目小组共同完成该项目。企业安排专业人员和教授共同协助学生完成该项目，通过这种方式来解决企业中的一些小问题。

4. 产学研一体化，服务区域经济

许多德国企业会资助在某一所大学设立的实验室或研究所，企业和

[①] 惠玉，王淼 . 国外校企合作应用型人才培养模式及其启示 [J]. 北京城市学院学报，2017（6）：77-80.

高校的教授携手进行产品的创新和研发。这种校企合作也得到各州政府的大力支持。Lindner 公司是生产建筑材料的公司，它在代根多夫应用科技大学投资创立了中小企业研究基金会，企业的科研人员和教授一起研发，使科研的成果服务于 Lindner 和当地企业。

这种校企合作方式对学校和企业来说是双赢的。代根多夫应用科技大学注重与当地企业合作，大学根据当地企业和行业的特点，成立针对性的科技园区，进行应用性课题研究，同时为企业创新提供技术平台。代根多夫应用科技大学在州政府资助下，创建了一个良好的科研平台，为代根多夫市周边中小企业的发展提供战略决策和技术支持。

二、美国 CBE 人才培养模式

美国校企合作人才培养主要是 CBE 模式，CBE 即 "Competency Based Education" 的缩写，翻译成汉语就是 "以能力为基础的教育"。

（一）CBE 的产生背景

CBE 是在一定的背景下产生的，主要包括以下几方面。

第一，第二次世界大战时期就已经初步出现了以实际能力为基础的教育，这时美国需要生产大量的军火，许多厂家 "民转军"，需要对许多不会从事军工生产的工人、技术人员进行再培训，时间要求和技能要求十分苛刻，此时便诞生了 CBE 的雏形，即注重实践技术能力培养。

第二，CBE 具有丰富的理论支撑。其一是系统论和行为科学，这些理论认为人的需要、动机、信念、态度、期望在人的行为中起着至关重要的作用；其二是美国教育学家布鲁姆所提出的 "有效的教学始于准确希望达到的目标"；其三是教育目标分类学认为 "只要在提供恰当材料和进行教学的同时，给以适当的帮助和充分的时间，90% 的学生都能掌握规定的目标"。

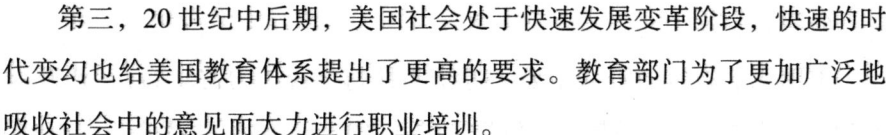

第三，20 世纪中后期，美国社会处于快速发展变革阶段，快速的时代变幻也给美国教育体系提出了更高的要求。教育部门为了更加广泛地吸收社会中的意见而大力进行职业培训。

（二）CBE 的基本内容

CBE 是一种以能力为本位的教育模式，即能力中心教学体系。教学体系中的每一个环节都是紧紧围绕学生自身的实践能力而展开的。具体体现在课程设置、培养途径、师资队伍、经费来源等方面。

1. 课程设置

CBE 打破传统的以公共课、基础课、专业课为主导的教学模式的局限，强调以培养社会实际需要的职业人才为目标，保证学生能够掌握足够的日后所要应用的职业能力。

课程内容根据旅游行业的发展变化及国际旅游业的发展现状来设计与确定，强调教学内容更加切合实际，同时又具有预测性，教给学生终身受用的东西。

2. 培养途径

CBE 模式采取学历教育与非学历教育相结合、普通教育与继续教育相结合、全日制教育和短期教育相结合、理论教育与技能教育相结合的办学模式以及不同的学制来开展教育。

3. 师资队伍

CBE 培养模式的师资也是由专职教师和兼职教师组成的。专职教师不仅要具备大学学历，还要有五年以上的实际工作经验和教学技能考核结业证书，兼职教师都是本行业具有丰富实践经验的工人、技术人员和管理人员、专家和熟练技师，其比例要占到教师总数的 80% 以上。

4. 经费来源

美国职业教育的经费主要来源于当地财产税（约占 45%）、州政府拨款（约占 20%）、联邦政府资助（约占 10%）、学生学费（约占 10%）以及其他渠道。

（三）CBE 的主要特点

第一，CBE 模式将从业能力作为教育基础、培养目标和评价标准，将通过职业分析确定的综合能力作为学习科目，按照职业能力分析表列出专项能力，由易到难安排教学。

第二，CBE 模式将学生具有的职业经验和能力作为入学标准。

第三，在教学实施中，CBE 模式强调学生自我学习、自我评价，教师在教学中是管理者和指导者，以学生为中心组织教学，负责按职业能力分析表所列各项能力提供学习资源，编出模块式"学习包"和"学习指南"，集中建立学习信息室。学生要对自己负责，按学习指南，根据自己的实际制订学习计划，学习完成后先进行自我评价，认为达到要求后再由教师进行考核。

第四，CBE 模式强调教学方式灵活多样和严格科学的管理。课程长短不一，随时招收程度不同的学生，学生自己决定学习方式和时间。如全日制或半日制、个人学习或小组学习、听课或自学等，各学生毕业时间也不一致，易做到小批量、多品种、高产教融合的水平。因学生入学水平、学习方式不同，且有相当程度的个性化，这就要求必须有一套严格科学的管理制度，才能最大限度地满足教学要求和发挥设备的作用。

（四）CBE 的具体实施

第一，职业分析。

第二，能力分析。分析从事某项职业或工作必须具备的各种能力（一般由 1～12 项综合能力构成），而每一项"综合能力"又由若干项

"专业能力"构成，一个专项能力又由与职业相关的知识、态度、经验和反馈4个方面组成。

第三，确定准入条件。

第四，知识性任务分析，确定学习掌握专项能力的知识领域。

第五，制定课程目标。

第六，安排学习任务。

第七，成就测验。包括四个方面：一是诊断性评价，测试学习者入学水平；二是形成性评价，为学习者提供反馈；三是终结性评价，检验能力是否被掌握；四是检验培训材料、培训过程、教师和培训者是否适合。

第八，笔试测验。检测学习者对以技能为基础的重要相关构想的掌握程度。

第九，开发学习包。根据所列的各项专项能力，开发出指导学生掌握各项技能模块的学习材料。

第十，试验。根据学生反馈和测试以及教学中出现的问题，改进学习指导材料，在此阶段解决和纠正教学中的所有问题和错误。

第十一，开发学习管理系统，让学生根据自己的情况择时、自定、自调学习计划，按照不同顺序完成学习任务。

第十二，根据教学需要确定实施和评估课程方案，不断调整方案、修改内容，并对能力内容加以评估。

三、英国工读交替人才培养模式

英国工读交替人才培养模式（"三明治"人才培养模式）是世界职业教育领域中具有重要意义和重要影响的一种方式，其起步较早，可视为职业教育工学结合在世界上的"首位践行者"，为英国社会输送了大批实践型人才，为英国社会各行业的发展与丰富起到了积极的助推作用。

（一）英国工读交替的基本内容

英国作为老牌资本主义强国，其除了在军事领域、经济领域具有突出的成绩之外，教育领域也是十分发达。英国的工读交替人才培养模式是职业教育事业中的重要方面。英国工读交替模式也被称为"三明治"模式，是一种"理论—实践—理论"的人才培养方式。其主要的实施方式和实施手段是，在两学期之间通过在校授课和企业实践相互交替的方式来提高学生群体的各项能力，包括学习能力、职业能力、综合能力、应用能力等，这样便能够更加高效地实现英国的应用型人才培养目标。

在英国工读交替的正常模式和步骤中，学生群体是以"职业人"的身份来参加顶岗工作的。在工作中，他们可以开阔眼界、增长见识、提升实践能力，同时还能够获得比较高额的报酬。英国工读交替的学制一般包括两个类型，分别为长期与短期。前者意味着学生在学校学习和在企业实习的时间都比较长，如四年制的课程，前两年在学校学习，第三年在企业工作，第四年又回到学院学习、考试，取得证书，即"2+1+1"；而后者则耗时较短，一般是六个月。此外，"在英国，这种培养模式主要有两种形式：第一种形式分为三个阶段，学生中学毕业后，先在企业工作实践一年，接着在学校里学习完两年或三年的课程，然后再到企业工作实践一年，即所谓的'1+2+1'和'1+3+1'教育计划；第二种形式是第一、二、四学年在学校学习三年理论，第三年到企业进行为期一年的实践，即所谓的'2+1+1'教育计划。但是不论用哪种方式完成'三明治'课程，学生都需要在最后一年回到学校完成学业"[①]。可见，工读交替的重点在于"有始有终"，在学业的初始阶段，学生需要在学校进行学习，即使经过较长时间的企业实践，在最后一年也仍然需要回到学校之

---

① 平若媛，龙洋，白地动.财经类高等职业教育工学结合人才培养模式探索与实践[M].
北京：北京邮电大学出版社，2013：21.

中，对实践的经验进行总结，并且加深之前的理论学习印象，从而实现理论与实践的结合，促进个人对于职业理解的不断深化与发展。

在多数情况下，英国学生的工作实习单位与实习岗位都是由企业招聘和学校推荐共同完成的。与此同时，学生还能够自己公布个人信息用以求职应聘，从而更加快速地找到自己心仪的岗位。假如学生长时间无法找到自己适合的工作岗位，那么他就无法毕业，需要继续等待岗位对接完成为止。

英国工读交替的学生群体一般分为两类，分别为以企业为依托的学生群体和以学院为依托的学生群体。"以企业为依托的学生，无论是在企业工作还是在学院学习，都由企业付给薪金；以学院为依托的学生，在学院学习期间由学院提供资助，在企业时领取企业付给的工资。企业的学生可以通过学习获取更高的职业资格，改善其职业前程；学院的学生由于在企业实习，因而有可能在择业中处于优势地位。这种学习形式要求有非常细致、周密的组织，使得学院的学习与企业实习融为一体，同时对教师也提出了比较高的要求。"①这两种模式各具特色，最大的不同便是学生学习与锻炼的主要场所不同。以企业为依托的学生在实践能力和工作能力方面往往比较出色，而以学院为依托的学生在理论能力与思维能力方面往往更加出众。总之，学生可以根据自己的喜好和自己的未来发展追求来选择具体模式。

（二）英国工读交替的发展历程

英国是校企合作人才培养最早发展的国家，其独特的工读交替培养模式已经发展了一百多年，这种教学模式已经完全融入了整体的教育领域之中，这不仅对于英国教育事业的发展具有重要作用，对于世界上其

---

① 平若媛，龙洋，白地动.财经类高等职业教育工学结合人才培养模式探索与实践[M].北京：北京邮电大学出版社，2013：21.

他国家职业教育的发展也有重要的借鉴意义。一般情况下，我们认为英国工读交替的发展历程主要包含以下几个阶段。

第一阶段：20 世纪初至 20 世纪 50 年代（萌芽和艰难起步期）。

第二阶段：20 世纪 60 年代至 70 年代（快速增长期）。

第三阶段：20 世纪 80 年代至 90 年代（成熟发展期）。

第四阶段：21 世纪初至今（繁荣稳定期）。

1. 第一阶段

20 世纪初，伴随英国社会越来越多的新建工厂兴起，社会对于工人的需求量巨大，这时英国已经有一些技术性学院开始了关于工读交替模式的尝试与模式。作为少数学校的单方行为，这种与常规教学模式大相径庭的模式在发展初期受到了一定的阻力，可谓举步维艰。不过英国社会仍然有部分院校走在了职业教育发展的前列，给其他学校起到了表率的作用。"比较有代表性的是在桑德兰技术学院（现更名为桑德兰大学）。建校之初，该校管理者就意识到注重知识和理解的传统教育模式已不能适应社会对人才新的需求，认为学生在学习课程时，还应同时获取一些工作经验，于是率先在机械工程学院引入了一种被称作'三明治'教育的工学交替式培养课程体系。截至 1908 年，共有 25 家机械类企业参与该课程体系，到 1910 年经过改造后的夜间课程已经可以接收 2 年预科后的专业人员。参加'三明治'课程的学生可以白天工作、夜间学习，以获得更高的资格认定。"[1]

伴随日益增加的技术型人才的社会需求量，英国工读交替模式在曲折中逐渐发展壮大起来。到 20 世纪中叶，英国政府于 1956 年出台了《技术教育白皮书》，正式确立国家技术教育体系，工读交替的教育模式真正进入了正式发展的阶段。《技术教育白皮书》的出台对于英国技术教育

---

① 黄艳 . 产教融合的研究与实践 [M]. 北京：北京理工大学出版社，2019：43.

的发展具有开创性的意义，有效提高了英国技术院校在教育领域的地位，同时也充分肯定了工学教育模式的现实意义。《技术教育白皮书》指出"政府相信对于最高端的技术教育而言，'三明治'教育无疑是最为适合的"。之后，1959 年 12 月英国政府发布《克罗瑟报告》，该文件也对英国的工读交替课程有很高的评价，指出"三明治课程将成为 16 ～ 18 岁青年唯一可行且符合标准的（技术）教育模式。为了应对这一趋势，'各产业部门应当根据自身的要求设定相应的基准'"。在各项文件相继出台的背景下，英国职业教育获得长足发展。一方面，参加相关职业教育的学生数量明显增加，在 20 世纪 50 年代末期已经突破 2000 人；另一方面，"三明治"教育的规模急速扩大，许多相关的配套设施逐渐完善，构建出更加适合学生综合能力提升的学习空间。

2. 第二阶段

进入 20 世纪 60 年代，英国科技事业不断进步，熟练技术人员严重告急，这进一步促进了工学交替模式的发展。1964 年，《产业培训法》诞生。"该法案规定英国设立产业培训董事会及中央培训委员会。产业培训董事会由劳资双方代表与教育专家按一定比例组成，可向所属系统的产业雇主征收 1.5% 的营业额用于企业培训活动，并对培训的设施、培训协调机构的设置等方面都作出了明确的法律规定。该法案的重大贡献在于从法律和制度上解决了英国长期以来阻碍产业界参与'三明治'教育的训练费用问题，提高了英国企业参与人才培养的积极性。"[①] 次年，英国工程培训管理协会成立，该管理协会出版《信息报》，对于 1964 年的《产业培训法》中部分法案的实施和践行具有一定的推动作用。"1966 年 1 月，英国工程培训委员会明确列出了对企业的补助标准：企业培训与国家学位管理协会证书有关的'三明治'课程的学生时，在培训的前 52

---

① 黄艳.产教融合的研究与实践[M].北京：北京理工大学出版社，2019：44.

周中，每周每生企业获 5～6 英镑的补贴，培训与国家高等证书和学位有关的'三明治'课程学生时，每周每生企业可获得 5 英镑的补贴。委员会还具体列出了产业培训所应当具备的 4 个阶段：基本工作介绍、工作间基础培训、技术车间培训、专项训练。每项历时 22 周，用以规范化产业培训管理。正是基于此，企业的培训一旦获得产业培训董事会的认可，政府将为'三明治'课程的深入开展提供强有力的经济支援。"①这意味着，英国的"三明治"教学模式已经初步形成了"官产"联合共建的链条。20 世纪 70 年代初期，英国部分院校又相继创建了丰富的"三明治"课程，总之这时的英国职业教育已经有了明显的起色与发展。

3. 第三阶段

20 世纪 80 年代之后，英国的"三明治"教育来到了重要的转型期与变革期。经过了几十年的发展，"三明治"教育已经有了一定的规模。这时的英国政府开始进一步加强企业与学校之间的合作，力图构建二者之间更为稳固的联系网络。例如，1982 年，针对企业提供实习就业岗位不足的情况，英国政府决定对参加"三明治"教育的学生提供一定的资金补助，从而解决他们的衣食住等问题，以便他们更加专注于技术学习的过程。1987 年，英国政府又在《高等教育——应付新的挑战》白皮书中对经济发展与职业教育之间的联系进行了解释与阐发，并且规定了具有一定创新性的职业教育发展规划，极大地促进了"三明治"教育的发展。此后的几年中，英国政府始终高度关注职业教育，相继出台《90 年代的就业》《高等教育的框架》等，这推动英国"三明治"教育健步进入繁荣稳定期。至此，英国"三明治"教育已经成为英国职业技术教育中十分普遍且极具代表性的培养模式之一。

---

① 黄艳. 产教融合的研究与实践 [M]. 北京：北京理工大学出版社，2019：45.

4. 第四阶段

进入 21 世纪，意味着英国"三明治"职业教育模式进入新的发展阶段。英国政府于 2003 年出台《高等教育的未来》白皮书，对未来各类教育的发展作出统筹规划。其中，政府强调要额外出资建立大量"知识交流中心"，以供学生互相沟通交流，助力职业教育发展，促进学生成长成才。这充分展现了英国政府对于职业教育的高度重视，更体现了英国政府加强校企合作，建立创新教育体系的希望与构想。如今，英国"三明治"教育在高等职业学校的主要教学类型包括如下几种。

第一种：学生接受职业技术教育和工作训练的时间均为半年，交替开展。

第二种：接受四年制教学的学生群体，在前两年要接受正式的学校教育，之后的两年要接受系统的工业训练。

第三种：在四年制规划的课程体系中，学生在第二年或第三年需要被安排至企业进行实习。

第四种：在每一年的教学计划中，学生都被安排进行九个月的学校学习与三个月的企业实习。

（三）英国工学交替的主要特点

英国工学交替教育的主要特点包含以下几个方面。

第一，职业资格等级与学历等级相对应。在英国，学者与政府机构工作人员共同制定了职业资格的不同等级，这些具有差异性的等级分别与不同的学历相对应，如初级职业资格与普通中学相对应，等等。学生想要不断提升自身能力，就必须要学业与职业双管齐下。不过在特殊情况下，职业资格证明具有更高的含金量，如果学生就读期间拿到职业资格三级证书，便可直接进入大学。

第二，职业教育的课程实践应用性十分明显。英国职业课程并不是仅仅停留在书本，而是真正与现实生活实践相联系。"在课程设置上强调学生的参与性学习及自我学习能力的培养，主要由课堂参与、独立作业、小组作业、外出考察、毕业论文组成。学习期间通常安排有户外实习考察、案例分析等环节，以帮助学生熟悉旅游相关行业的经营管理及其特色。"[1] 可见，英国职业教育包含的课程类别十分多样，且多与实践相联系，只有少数为课堂教学，多数情况都需要学生外出，在社会中和实践中寻找答案，以提升自身的相关能力。

第三，职业教育十分重视企业所发挥的作用。在英国，工学交替教育并非以学为主，而是更加强调企业的作用，要求企业积极投身于教育活动中。其形式多样，如雇主在基金会等机构中任职；雇主直接兼任学校领导班子成员；企业参与职业资格制定或认定环节等。

第四，英国政府为职业教育提供了强有力的政策保障与支持。自20世纪60年代以来，英国政府就对职业教育"持续发力"，相继出台各项职业教育相关的政策法规，对于职业教育的发展与完善起到了十分重要的推动作用。例如：1964年《产业培训法》，1987年《高等教育——应付新的挑战》，此外还有《90年代的就业》《高等教育的框架》《高等教育的未来》等。这对于职业教育起到很好的保护与促进作用。如此一来，英国的教育领域与商业领域都能够在比较有利的环境下不断发展，逐渐深化双方协调深度。

四、日本产学合作人才培养模式

产学合作是日本职业教育人才培养的基本模式之一，也被称为合作式教学。日本的产学合作模式受到西方国家尤其是美国影响颇深，不过该模式所产生的实际效用与德国的双元制更为相近。总之，在产学合作

---

[1] 金丽娟. 旅游市场与人才培养战略 [M]. 天津：天津大学出版社，2018：161.

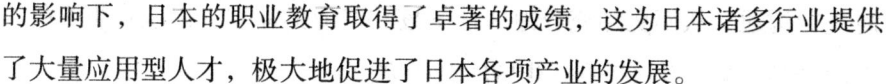

的影响下，日本的职业教育取得了卓著的成绩，这为日本诸多行业提供了大量应用型人才，极大地促进了日本各项产业的发展。

（一）日本产学合作的基本内容

20世纪80年代，日本的产学合作开始进入快速发展阶段，这时学校与企业之间开始广泛形成一种全新的联系。一方面，学校向产业提供大量的人才，这些人才具备一定的学术素养，同时还有较强的学习能力，将来有可能会成为企业的中流砥柱；另一方面，企业为学校提供各种硬件设施与岗位培训，帮助学校将学生培养成为具有一定岗位技能的专业人才。总之，学校与产业的双向互动，对于促进学校发展、人才发展，以及企业市场竞争力的提升都具有较大的帮助。

日本产学合作源于美国的合作教育，主要包括与产业界在办学领域的合作、科研层面的委托、人事方面的交流，以及资金方面的支持等。

日本产学合作的主要形式有如下几种。

1. 产业界向学校投资

产业界向学校投资，指企业以自身雄厚的资金与技术人才作为投资的内容，通过与学校对接，逐渐达成二者的共识，从而为学校提供设备、设施、经营管理等方面的支持。例如，日本钢铁联盟就曾出资建立神户钢铁短期大学，学校成立之后，则按照企业界的要求培养对口的专业型人才，让学生能够在毕业后尽快"上岗"。这种发展形势在很大程度上缓和了企业人才短缺的压力。

2. 产业界与校方人员深入交流

企业与学校的交流和沟通是促进产学合作不断深化的重点环节，如果缺乏交流，那么即使双方的设想十分美好，也难以将之转变为现实。在这样的形势下，许多学校内部的教师也兼任企业职位，同时许多企业内部的工作人员也兼任校内职务。这样一来，双方有任何讯息都可以随时进行沟通，从而更加充分地估计学校和产业的需要，以制定更具针对性的培养方案，有效提升学生的实践能力。

3.企业委托项目

企业委托项目是指，双方就有关研究范围、期限、经费、专利、版权所有和保密责任等事项签订合同，研究成果由企业付给报酬，并应用到实际生产中去。总的来看，这种形式十分有助于学校与企业在诸多方面的资源共享共通。学校和企业能够实现人才、物力、财力的共享，有效缩短科技人员从理论到实践的距离，加速科技人员培养。

（二）日本产学合作的主要特点

日本产学合作具有四重主要特点。

第一，日本产学合作的培养目标多样化。在日本，不同的院校具有不同的培养目标，即使同为产学合作的重点院校，由于方向不同、理念不同、学段不同，其培养的目标也会存在差异。这种差异是由日本高职院校的生源的不同所决定的。例如，"招收初中毕业生的高等专科学校，主要传授高深的专门知识技能，培养学生职业必需的能力；招收高中毕业生的各类进修学校，主要培养学生的就业能力和实际生活必需的能力，提高学生文化教养程度；面向社会的各种短期大学，传授专深的学艺，培养学生职业和实际生活所需要的能力"[1]。

第二，日本产学合作的专业设置综合化，课程设置基础化。职业教育发展的早期阶段，日本职业院校的学科设置比较杂乱，这不仅容易让学生产生枯燥厌学的心理，还难以适应产业结构变革与社会环境发展的需求。于是，日本政府加强对于职业教育领域的研究，并且进行大力改革，调整专业结构与学科结构，对曾经的若干种专业、学科进行整理、

---

[1] 平若媛，龙洋，白地动.财经类高等职业教育工学结合人才培养模式探索与实践[M].
北京：北京邮电大学出版社，2013：24.

规划、总结，将原来的标准专业种类由 50 种融合为 34 种，将原来的职业科目由 314 门融合为 158 门。这样一来，专业内所包含的内容更加丰富化、综合化，学生所能够接触的知识更加全面，他们不仅不容易产生枯燥乏味的情绪，也能够接触和了解更加丰富的知识内容。在课程方面，日本职业教育十分重视学生基础知识的传授，他们认为基础知识是细致知识的前提和保障，只有基础知识掌握得更加扎实和牢靠，才能够逐渐掌握各专业各领域的进阶性技术。

第三，日本产学合作的职业资格制度十分严格。学生必须要经过层层选拔、重重考核，才能够突破难关，达到相关部门的要求。

第四，日本产学合作注重师资队伍的建设。"日本极为重视职业教育师资的规格化。在日本的《学校教育法》中明确详尽地规定了高职院校教师的资格要求，对教师除了学历上的要求外，还强调其实践、生产、建设、管理和服务于第一线的工作经历和经验。为此，日本建立了多样的高职教师在职培训制度。"①相关的进修制度十分丰富，如新晋教师要在规定时间内完成进修学习，包括校内进修与校外进修。同时，教师还要广泛进行听课、实践等活动，用以提升其专业能力。此外，日本有关部门还大力吸收外界优秀人才，用以充实高职师资队伍，这对于提升教学质量具有很大的帮助。例如，1988 年修订《教育职员许可法》，新设特别资格证书和兼职教员制度，这吸引了大量具有专业知识与专业技能的人才参与到产学合作之中。

五、新加坡教学工厂人才培养模式

新加坡作为亚洲地区的发达国家之一，历来十分重视教育。自 20 世

---

① 平若媛，龙洋，白地动.财经类高等职业教育工学结合人才培养模式探索与实践 [M].
北京：北京邮电大学出版社，2013：25.

纪 60 年代至今，新加坡的教育事业发展突飞猛进，并且取得世界瞩目的成绩。

（一）新加坡教学工厂的基本内容

"教学工厂"一词是由新加坡南阳理工学院前院长林靖东先生结合新加坡国情，并在借鉴其他国家先进教学模式的基础上所提出的一种重要创新理念。其主旨在于"按照工厂的模式建造学校，从而实现全方位的工厂实践环境"。

新加坡教学工厂是在借鉴德国双元制基础之上，具体分析新加坡实际情况而制定的一种特殊的人才培养模式。这种模式融合了多种特点，十分适合新加坡职业教育的发展。简单来说，教学工厂就是一种将先进的教学设备、真实的企业环境引入学校并与学校教学有效融合，形成学校、实训中心、企业三位一体的综合性教学模式，实现了企业实习、企业项目与学校教学有机结合。在教学工厂中，学校可以对学生进行理论教学，同时由于学校和工厂的紧密结合，学生还能够接受紧密联系现实的实践教学，以提高他们的职业素质。

在教学工厂的教学模式下，第一年主要是基础课教学，教师要让学生充分掌握专业相关的大量理论知识，为今后提升实践能力打好基础；第二年主要是专业课教学，教师对学生进行具体化和针对性的教学，同时加入适当的岗位技术实践展示环节；在第三年，前半年学习应用型课程，后半年则要开始进行基础技能训练。总之，教学工厂对每一学年的规划和要求都十分明晰，学生需要按照既定的规划来完成学习任务，达成学习目标。

教学工厂对于教师群体也有很高的要求。所有的专业课教师都要具有 3 年以上的企业工作经验，以他们扎实的实践能力来带动学生相关能力得到提升。同时，新加坡还具有完善的师资队伍考核机制，突出师资评价的多样性，从而形成良性的激励机制，使得师资队伍始终保持积极向上的状态。

（二）新加坡教学工厂的主要特点

第一，教学工厂旨在培养具有综合素养的优秀人才群体。教学工厂要求挖掘不同学生的潜能，要根据学生的兴趣差异、专业差异、天赋差异来对他们进行深入分析，并根据分析结果制定相应的培养策略，以提高他们的综合能力，以期促进学生综合提升，从而满足企业的发展需求，推动社会建设与国家发展。

第二，教学工厂具有一定的前瞻性。教学工厂的专业设置和课程设置始终紧密联系市场，以市场为导向，以发展为需求，将发展目光放得比较长远，依据经济未来的发展形式做出规划。

第三，教学工厂实行双轨制教学与无界化合作。教学工厂实施分级模式，对每一个学生进行"私人订制"，同时在教学方法中倡导以学生为主体的"整合式""反复式""处境式""渐进式"等方法，从而大幅提升学生学习的积极性和主动性。在具体教学实践中，教学工厂十分注重学生的亲身经历，要让学生每学期中有至少八周时间下厂实习，并且要求企业管理者对学生进行准确评估判断。"为了保证每年都有学生与教师一起做项目，而且满足学生到企业实习不间断、企业生产不断线，所有的专业在第三学年都实行双轨制教学模式，即把学生分为 A、B 两组，第一学期 A 组开展专项培训、B 组做全日制项目和企业实习，第二学期再对调。在项目管理上，强调各专业之间的全面合作，即'无界化'合作，营造'项目无界化、师生无界化、系部无界化、技术无界化'文化氛围，实现充分有效使用教学资源，达到社会财富最大化目标。"[1]

---

[1] 平若媛，龙洋，白地动．财经类高等职业教育工学结合人才培养模式探索与实践 [M]．北京：北京邮电大学出版社，2013：27．

第四，教学工厂的学习环境具有很强的真实性。新加坡高职院校在政府、企业的多方支持下，具有十分丰富的教学设备。在课程中，学生可以切身体验各种不同的教学设备，还能在实验室中获得十分真实的体验，这对于深化学生对于实践的领悟程度具有重要帮助。

六、澳大利亚 TAFE 人才培养模式

TAFE 是 Technical And Further Education 的简称，中文意思是职业技术教育学院，是大洋洲、欧洲和东南亚全国通用的职业技术教育形式，由澳大利亚政府开设的 TAFE 学院负责实施教育与培训。

（一）澳大利亚 TAFE 的基本内容

澳大利亚 TAFE 是国际认可的四大职业教育培养模式之一，具有很高的认可度与知名度，是澳大利亚教育领域的重点环节。1973 年 3 月澳大利亚联邦政府成立了澳大利亚技术与继续教育委员会，着重培养专业技术人才。此后，该委员会又要求把技术教育与继续教育联系起来，把学历教育与岗位教育结合起来，采取理论与实践、知识与技能匹配的教育培训方式，于是技术教育便开始被称为技术与继续教育（TAFE）。

澳大利亚 TAFE 具有多重优势。首先，TAFE 每年都能够提供数以千计的职业和非职业课程，这些课程实用性较强，且容易理解。学生还能够在课余时间自学，从而提升自己。其次，TAFE 一般都是小班制，每班 15 至 30 名学生。小班制最大的好处就是教师能够与每一个学生产生接触和交流，这确保了教师对学生的深入了解，也给了学生更多的提问机会。TAFE 的学制一般是一到两年，教学内容是实践工作和课堂教学相结合，也有些课程采取了大学的授课方式。最后，澳大利亚 TAFE 的文凭得到各行业、雇主及大学的广泛认可，比如两个留学生，一个是大学本科毕业，另一个是 TAFE 学院毕业，面对同一个职位，老板选择的天

平更倾向于后者，因为 TAFE 的毕业生所接受的是学以致用的职业教育，而本科学生的优势在于理论方面，要适应工作还需要一段时间的培训。

（二）澳大利亚 TAFE 的发展历程

澳大利亚 TAFE 的发展历程主要包含五个阶段，分别为萌芽期、起步期、发展期、成熟期、繁荣期。

澳大利亚 TAFE 的发展历程如图 3-1 所示。

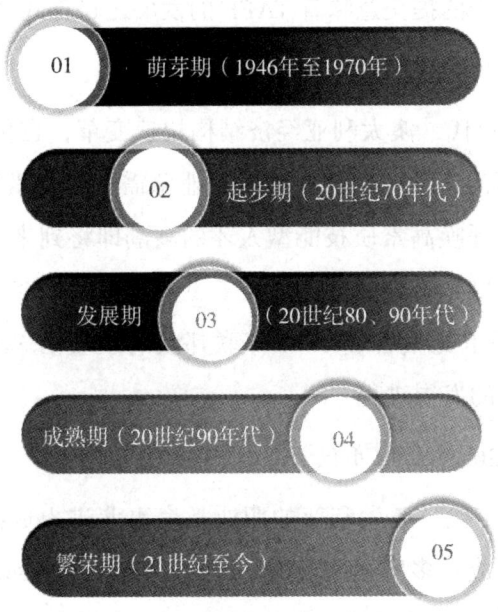

01 萌芽期（1946年至1970年）

02 起步期（20世纪70年代）

发展期 03 （20世纪80、90年代）

成熟期（20世纪90年代） 04

繁荣期（21世纪至今） 05

图 3-1 澳大利亚 TAFE 的发展历程

1. 萌芽期（1946 年至 1970 年）

澳大利亚职业教育的萌芽期需要追溯至 20 世纪 40 年代。1946 年，第二次世界大战刚刚结束不久，许多从战争中走出的退役军人需要融入社会，适应新型的发展模式与发展目标，社会也需要吸纳大量的劳动者，于是出现了一些技术学校。这类学校大量招收学员，强化他们的劳动实践能力，不过此时的职业教育难度较低，多为手工业劳动。这可被视为澳大利亚近现代职业教育的萌芽和开端。

2. 起步期（20 世纪 70 年代）

20 世纪 70 年代可被视为澳大利亚职业教育的起步期。1973 年 3 月，澳大利亚职业部成立了澳大利亚技术与继续教育委员会。次年，该委员会向教育部部长提交了一份坎甘报告，坎甘报告中包含 TAFE 的相关内容，因此坎甘报告的提交意味着 TAFE 的发展之路正式开启。

3. 发展期（20 世纪 80、90 年代）

20 世纪 80 年代，澳大利亚经济结构快速变革，在传统的行业之外，又出现了许多新的产业，而这些新的产业急需更多高素质人才来填补人才空缺。于是，呼唤高素质技能型人才的高潮即将到来。1981 年，阿德雷德州建立了 TAFE 研究中心，加强了更大范围的研究与合作。1985 年劳动市场计划的卡比报告和 1987 年联邦政府发表的 *Skills for Australia* 推动了职业教育的发展进程。

4. 成熟期（20 世纪 90 年代）

20 世纪 90 年代，澳大利亚的职业教育事业进入成熟期，相继出台多项报告，并且成立多所相关机构。例如，1992 年联邦政府成立了澳大利亚国家培训署，1995 年建立资格框架，1998 年建立认证框架，等等。这对于 TAFE 模式的发展与演变具有重要的现实意义。

5. 繁荣期（21 世纪至今）

进入 21 世纪，澳大利亚 TAFE 教学模式取得了更加长足的发展，并且逐渐走上了国际化的发展道路。一方面越来越多的留学生进入高等教育机构进行学习，另一方面澳大利亚与国际高等教育机构开展教育合作。随着知识经济时代不断深化演变，各领域技术交流日益频繁，TAFE 正在国际化的趋势下越走越远，并且得到了世界多国的高度关注与认可。

第三节　国内校企合作人才培养基本模式

一、科技成果转化模式

根据高职院校与市场环境融合互动的深度，高职院校科技成果市场化和产业化的程度也各有不同。根据产权形态不同，高校科技成果转化模式又可被细分为合作形态与非合作形态。

科技成果转化模式如图 3-2 所示。

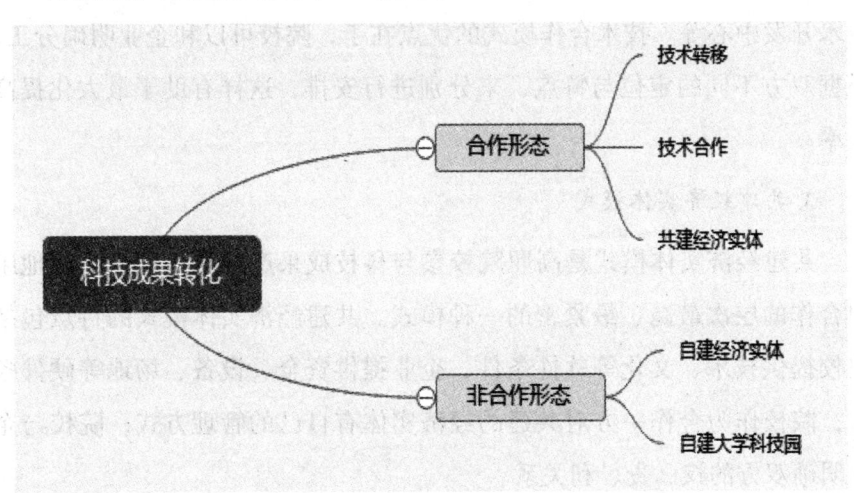

图 3-2　科技成果转化模式

（一）合作形态模式

合作形态模式主要包括技术转移、技术合作、共建经济实体三种。

1. 技术转移模式

技术转移模式是高职院校早期参与科技成果产业化的重要模式之一，是院校研发所得的专利技术经过某些渠道向社会转移的过程，是科学技术成果转变为现实生产力的重要方式方法和手段。技术转移模式的优点在于，企业可以利用高职院校的创新成果，吸纳其中的有益成分，以弥补企业技术资源的结构性短缺，从而加快自身完善与创新的步伐，促进新产品、新工艺的开发。不过，由于院校与企业的互动融合不够深入，不利于院校对企业技术需求进行针对性的研发。同时，又由于企业难以分享创新过程的信息，也不利于企业培养自己的研发人员。

2. 技术合作模式

技术合作模式是资源优势互补的一种合作模式，指高职院校与企业尤其是与中大型企业共同建立培训中心的合作模式，如产学研合作中心、技术开发中心等。技术合作模式的优点在于，院校可以和企业明确分工，根据双方不同的定位与特点，来分别进行安排，这样有助于最大化提高效率。

3. 共建经济实体模式

共建经济实体模式是高职院校参与科技成果产业化过程中与其他组织合作的层次最高、最紧密的一种模式。共建经济实体模式的特点包括院校提供技术、文化等软件条件，企业提供资金、设备、场地等硬件条件；院校作为合作一方对共建的经济实体有自己的管理方式；院校与企业明确双方的权、责、利关系。

（二）非合作形态模式

非合作形态模式主要包括自建经济实体模式、自建大学科技园模式两种。

1. 自建经济实体模式

"自建经济实体模式，指一些拥有人才优势和科技实力的高校利用自己的专利技术创办经济实体的模式，如清华大学创办的同方股份有限公司、北京大学创办的北大方正集团有限公司。自建经济实体模式为高校与环境互动和融合的最高形式——大学科技园的发展奠定了基础。高校自建经济实体是在政府政策宽松、高校自有技术成熟、高校财务实力增强的条件下进行的。"①该种模式最大的优点在于，院校可以更自由和更灵活地执行其自身的管理思想和组织文化，培养更适应社会需要的人才。

2. 自建大学科技园模式

自建大学科技园模式，指高校利用其研发人才、研发机构、研发场地、实验设备，吸引社会资金、企业及人才到园区创业，建立研发基地，同时利用科技园把其科研成果与社会优势资源紧密结合起来，实现科技成果的产业化。大学科技园的产生是高校参与科技成果产业化的最高水平，是高校功能的延伸和拓展。自建大学科技园模式的优势在于，使高校最合理和最高效配置其创新资源，促进科技成果转化为产业，为培养卓越人才提供了最大的自由，是最有效的组织形式。

二、科技攻关项目模式

科技攻关项目，指的是涉及国民经济诸多领域，并且亟须创新发展的重要科技项目，这类项目的技术难度很高，在经济发展与转型中发挥着重要的作用。科技攻关项目模式，指院校和企业合作承担国家、地方和产业的科技攻关项目，从而实现校企合作的模式。

通过科技攻关项目模式，学校可以和企业深化交流合作，共同探讨

---

① 尹庆民，陈浩，裴一蕾，等.校企合作研究——基于应用型高校的模式及保障机制[M]. 北京：知识产权出版社，2012：96.

学术前沿问题，对行业实时资讯进行分析，从而促进企业技术升级。同时，学校在人才培养方面也可以巧妙借鉴企业的发展思路，从而培养更多的高端人才。

在科技攻关项目模式的具体实践过程中，需要注意以下两方面。

（一）加强项目的中后期管理

1. 要建立合同管理制度

主要是采用招标单位与中标单位签订合同书、中标单位与协作单位签订协作合同的形式。合同书内容主要包括共同条款、技术考核指标、经济考核指标、示范技术路线或工艺流程、工作方案、经费使用计划、课题主持单位、主持人、参加人及人员分工。协作合同要包括协作分工、经费分配内容，以避免因协作双方经费纠纷影响项目正常执行。

2. 建立经费制约制度

可以采取分阶段拨付补助经费的形式。比如在合同签订后，先拨付50%的经费，在项目正常执行的情况下，中期再拨付30%，项目验收合格后拨付剩余的20%经费。在项目执行过程中，一旦发现未按合同执行即可停止拨付经费，直至追回原来拨付的全部经费。

3. 建立检查验收制度

可以采取阶段检查、年终总结、到期验收相结合的形式。一是在项目执行的几个关键时期，进行阶段性检查，及时发现和解决问题。二是要求项目执行单位提交年度总结报告，了解项目年度进展情况和下一个工作年度计划，保证项目按期完成。三是合同到期及时验收，对提前或超额完成合同任务指标应给予表彰和鼓励；对没有按期完成任务或达不到验收标准的，不予通过并停止拨付经费；限期仍完不成任务的，可以取消继续承担项目的资格。

（二）建立科研项目管理工作机制

科研项目管理工作机制，主要包括科研绩效评价运作机制与科研项目管理预警机制。要根据高等职业学校科技管理工作的一些特点和具体情况，进行科技管理运行机制方面的创新。建立科研绩效评价的运作机制，科学技术是第一生产力，而现代科学管理作为现代社会生产力构成的一个新要素，已成为现代化建设中不可缺少的支柱。要建立健全科研项目管理预警机制，强化科研项目风险管理，防范与规避项目风险，健全预警指标体系。总之，只有通过以上多种渠道的完善与机制、体系地建立，才能够实现高效的科研项目攻关。

三、全面合作模式

全面合作模式，指院校与企业之间签订长期全面合作协议或战略合作协议，双方除了可以在人才培养方面开展深化合作之外，还能够在科研、生产、经营等方面开展合作。

同时，在人才培养领域，企业也能够积极参与，为学校的人才培养献言献策，与学校共同构建技术型人才的培养目标、教学计划、教学内容等。"校企之间以科研项目为纽带和载体，紧密结合企业的生产实际和科学技术的前沿问题进行科技攻关，以达到提高学生实践能力和创新能力的培养目标；在技术开发方面，高校利用自己的技术力量为企业提供产品开发、市场推广服务，企业参与校方独立产业或是科研项目的生产、技术等工作；在社会服务方面，高校为企业提供咨询服务和教育培训。"[1]总之，全面合作模式在校企合作的程度上更加深入，双方能够实现充分的交流，紧密结合教学活动与生产实践。

---

[1]尹庆民，陈浩，裴一蕾，等.校企合作研究——基于应用型高校的模式及保障机制[M].北京：知识产权出版社，2012：97.

四、实体合作模式

实体合作模式一般有校办企业模式、行业办学模式、校企实体合作型模式三种。

（一）校办企业模式

校办企业模式是高职院校根据有关专业的培养目标而兴办与开设专业密切相关的企业。学校利用校办产业实现校企合作，建立开放性的，企业化管理的，集教学生、产科、研于一体的实践教学基地。

对于校办企业，学校有设施设备、技术、人力资源的优势，有科研成果转换的需要。校办企业既可生产经营，又可接纳学生实习。校办企业的职工既是生产人员，又可作为"双师型"教师对学生进行实训教学。校办企业还可作为教师培训基地发挥作用。

（二）行业办学模式

行业办学模式是行业自主办学，政府将原有学校划归行业管理，产学研相结合。高校按照本行业用人单位对人才需求的数量、专业规格等，在用人单位配合下把人才培养好，再输送给用人单位。

（三）校企实体合作型模式

校企实体合作型模式类似股份制，学校本身还是独立的社会性学校，但作为参与一方的企业，在学校办学资源等方面提供全方位投入，以设备、场地、技术、师资、资金等多种形式向学校注入股份，进行合作办学。这种模式有利于企业更多地参与学校管理事宜，从而构建校企一体化管理平台。

五、高校社会服务模式

高校社会服务模式，指高校在校企合作发展过程中，为了赢得企业的信任与支持，从而为企业提供多项服务的一种模式。通过高校的付出，企业自身的经济效益一般会明显增加。反之，企业也会派出经验丰富的员工来帮助学校完善和丰富实训课程，让课程更加贴近实际，与真正的生产活动相近。

高校社会服务模式具有一定的现实意义。高校社会服务模式是社会发展的需要，也是高校发展的要求，具有十分重要的现实意义。20 世纪中后期我国高等职业院校开始规模化办学，高等教育事业不断发展壮大，作为高等教育重要组成部分的高等职业教育也风生水起，得到了快速发展，为社会经济发展培养了大批技能应用型人才，高职院校发挥了举足轻重的作用。与普通本科教育相比，高职院校以服务为宗旨，以就业为导向的办学理念和实践，表明其服务社会经济发展的功能更加直接和突出。近年来，国家有关部门也出台了一系列政策鼓励和促进高职院校的发展，由此可见，充分发挥高职院校的社会服务功能对于高等教育乃至社会发展进步都有一定的积极作用。

六、"订单式"培养模式

高职院校的"订单式"培养模式是如今高职院校校企合作人才培养的重要形式之一，能够促进校企双方共同制定育人计划，充分发挥育人资源。

（一）"订单式"培养模式简介

"'订单式'培养是指企业与学校签订用人协议，双方共同制定人才培养计划，充分利用双方的优势资源，共同参与人才培养过程，实现预定的人才培养目标，最后由企业按照协议约定安排学生就业的合作办学模式。"① "订单式"培养模式中主要包括三方主体，分别为学生、学校、企业。以上三者如果能够时刻保持一致，在意愿上始终统一，那么就能够实现校企合作的预期目标，促进学生群体实现就业理想，并且对当地相关产业也有很重要的积极作用；反之，如果其中任何一方存在异议，那么很可能会导致校企合作活动中止。

因此，"订单式"培养模式必须要在开始之前进行全方位协商，尤其是企业与学校所签订的各类协议，必须严格规定各方权利义务。在具体的实施过程中，校企双方还需要共同制定培养方案，共同确立培养目标，共同完成教学计划等。总之，"订单式"培养模式是培养技术型人才的重要模式，更是以"人才共建"为纽带的一对一合作模式，需要高职院校提起高度关注。

（二）"订单式"培养模式的意义

第一，对于高职院校的学生有多种益处。首先，"订单式"培养模式为学生提供了充足的实践岗位，让他们在实践的过程中将自身所学应用于工作岗位，切实提升自身实践能力与操作能力，同时对他们的思维能力与创新能力也有一定锻炼和帮助。其次，"订单式"培养模式减轻学生的经济压力。学生在读书期间除了父母的支持便没有其他资金来源，难免会遇到资金不够的情况，公司一般都会为学生提供一定的实习岗位补助金。最后，学生进行长期实践也相当于给未来的职业生涯提前"铺路"，毕业后上岗速度更快，晋升发展道路更长。

第二，对于高职院校的未来发展有一定帮助。"订单式"培养模式能够帮助高职院校明确自身发展定位，明确未来发展方向，并根据发展的倾向制定符合学校实际情况的发展方略，对教学计划进行修改、增加、

---

① 尹庆民，陈浩，裴一蕾，等.校企合作研究——基于应用型高校的模式及保障机制[M].北京：知识产权出版社，2012：98.

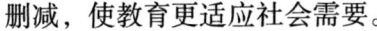

删减，使教育更适应社会需要。

第三，"订单式"培养模式有利于理论与实践相结合，同时双方人员通过频繁往来，增加了彼此的信任感和友谊，有利于更广、更深层次的合作。

第四，有利于校企双方优势互补。企业可利用学校人员的智力优势，学校可利用企业的设备条件优势，为双方的事业服务。

（三）"订单式"培养模式的实践

"订单式"培养模式的具体实践需要经过三个步骤，分别为合作企业的选择、签订校企合作协议和"订单式"培养的计划安排。

1. 合作企业的选择

在开展"订单式"培养模式之前，高职院校先要对众多企业进行选择，要找准符合学生实践需求的企业。从长远的角度来看，合作企业一定要具备持续扩张、优待人才、上升空间、热衷教育、管理科学等特点，只有这样的企业才能够在校企合作的过程中让学生学到充分的实践性知识，从而提升其自身的专业能力。

2. 签订校企合作协议

高职院校选定合作企业之后，就要与之签订合作协议，之后的一切合作事宜都需要在合作协议的限制与要求下来进行，以确保合作的活动合乎规范，以保障学生在实习培训过程中的个人权益不受侵犯。

3. "订单式"培养的计划安排

具体计划需要由校企双方共同制定。学校比较清楚不同专业学生的发展方向，要预先制定学生实践培养的目标；而企业则对于各专业所对口的行业有深入了解与透彻分析，能够帮助学生快速熟悉岗位，了解行情。因此，计划必须明确分工，由学校与企业各自针对擅长的领域对学生进行安排。

七、工学结合模式

"工学结合模式是将学校学习与校内外实验、实训和企业顶岗实习结合在一起，充分利用学校和企业两种不同的教育环境和教育资源，发挥各自在人才培养方面的优势，以提高学生全面素质、综合能力和就业竞争能力的校企合作模式。"[①]换句话说，工学结合就是将学习与工作结合在一起的教育模式，主体包括学生、企业、学校。它以职业为导向，充分利用学校内、外不同的教育环境和资源，把以课堂教学为主的学校教育和直接获取实际经验的校外工作有机结合，贯穿于学生的培养过程之中。

工学结合教育模式由来已久，最早可以追溯到英国桑得兰德技术学院工程系和土木建筑系于1903年开始实施的"三明治"教育模式。英国出现"三明治"教育模式以后的第3年，也就是1906年，美国俄亥俄州辛辛那提大学开始实施与英国基本相同的工学结合教育模式，并称之为"合作教育"。1983年世界合作教育协会在美国成立，总部设在美国马萨诸塞州波士顿的东北大学，协会成员来自40多个国家，每年召开一次国际性会议，影响越来越大。目前，发达国家工学结合教育模式发展的重点是跨国安排学生的工作实践，以达到教育国际化的目的。

工学结合模式最大的优势就在于，该种模式能够帮助学校与企业互相弥补对方的不足。学校虽然具有比较完备的教学条件，具有雄厚的师资力量，但是其实践性教学较弱；企业虽然能够为学生提供许多实践岗位，但是系统性的理论教学效果不佳。工学结合恰恰能够实现学校与企业的优势互补。学生在这种模式的促进下，既能够全面接受理论学习，

---

①尹庆民，陈浩，裴一蕾，等．校企合作研究——基于应用型高校的模式及保障机制[M]．北京：知识产权出版社，2012：99．

还能够进行生产实践，可以"学中有工""工中有学"。

八、实习基地模式

实习基地模式是通过构建实习基地来提高学生群体实践能力的培养模式。

（一）实习基地模式简介

实习基地是校企双方合作，利用企业生产与经营资源建立的用于培养学生专业技能与职业素质的实践教学场所。学生在实习基地顶岗实习，在实际工作情景中教育自己，掌握未来就业所需知识和职业技能。该模式下，人才培养目标和计划主要是由学校来提出、规划、制定，同时学校承担绝大多数的培养任务，企业只需要与学校进行适当的沟通，尽量满足学校要求，为学生提供一定的校外顶岗实习的基地即可。

实习基地的良好运行是开展实习教学工作的基础和质量保证，这种校企合作人才培养模式，打破传统职业学校的封闭模式，对学校原有的教学管理提出了更高要求。所以说，保持实习基地长期稳定发展，对发挥实习基地应有的作用、实现人才培养目标具有重要意义。

（二）实习基地模式的原则

实习基地的建立需要坚持如下原则。

第一，坚持"互利互惠、共同建设"的原则。学校利用基地条件安排学生实习，培养学生的实践能力和创新能力；基地研发机构可与学校一起加强生产、教学及人员培训工作。

第二，坚持质量第一的原则。实习基地建设要把教学质量放在首位，能完成实习教学大纲规定的各项内容，使学生得到实际锻炼，切实提高学生的实践能力与综合能力，保证实习教学质量和安全。

第三，坚持素质教育的原则。实习基地应有良好的育人环境，有利于学生的全面素质培养，使学生在思想道德素质、业务素质、科学文化素质和身心素质方面得到提高。

（三）实习基地模式的类别

实习基地模式具有不同的类别，其类别的划分与政企校三方有密切关系。实习基地模式的种类如图 3-3 所示。

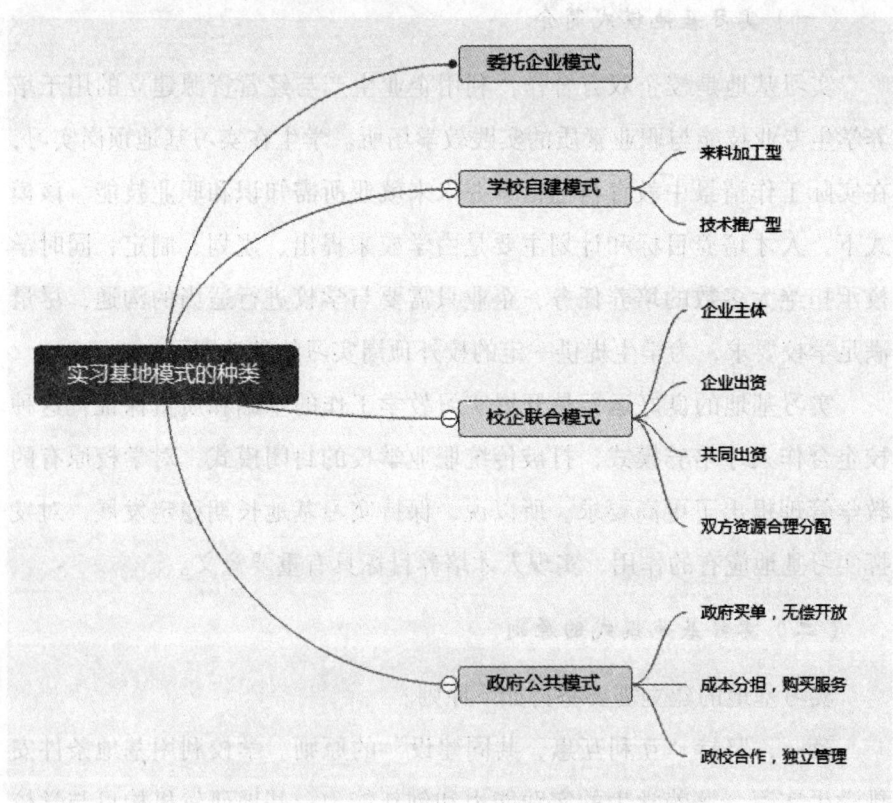

图 3-3 实习基地模式的种类

1. 委托企业模式

委托模式是指由一家或多家企业出资兴建并经营管理实习基地，学校与企业签订委托实习协议，将实习教学环节整体外包给企业的一种模式。

实习过程完全依赖企业现有的场地、设施、设备、技术和兼职教师，学校按照企业制订的实习计划组织学生到企业指定场所实习，基地指导教师在不影响正常生产的前提下指导学生实习。该模式体现出市场化的特征，企业自行制定其服务项目和服务收费。政府可利用财政补贴和税收优惠等政策进行干预。

委托企业模式适合与大型生产企业合作，这种模式下的实习基地具有一定的公益性。

2. 学校自建模式

学校自建模式是指一所或多所院校作为实习基地资金投入方，利用学校设备和技术优势，运用市场运行机制，经营生产性实习基地的一种模式。

（1）来料加工型。主要是指学校利用现有的设备，主动承接社会上的各种产品加工业务，学生群体在教师的指导之下完成生产实习任务。

（2）技术推广型。主要是指学校利用自身科研和技术优势，成立创业园和科技园，积极组织师生面向企业和生产一线开发新产品，钻研新技术，同时把学校的研究成果面向社会全面推广。

3. 校企联合模式

校企联合模式是指学校与企业基于互惠互利原则，共同发展战略合作关系，共同投资兴建实习基地的模式。

这种模式的特点是校企间优势互补、资源共享、风险共担。

校企合建实习基地的方式可分为如下几种：

（1）以企业为主体，学校给予配套的设施；

（2）企业出资或资助设备，学校提供场地或人员；

（3）由校企双方共同出资建设和经营生产性实习基地；

（4）学校提供场地、设备和管理人员，企业提供相关原材料和技术人员。

4.政府公共模式

政府公共模式是政府出资建设与管理基地，基地主要向区域内的各类院校、社会培训机构和企业开放，具有很强的公共性、公益性和示范性。

政府公共模式的管理与运作机制可以大致分为如下三种。

（1）"政府买单，无偿开放"机制，即政府负责基地的建设、维护和运行工作，为全社会提供无偿开放服务。

（2）"成本分担，购买服务"机制，即政府成立事业单位理事会的法人治理机构，由该机构建设和运营基地。针对不同的培训对象，政府会给予相应的资金补贴，企业、社会培训机构、职业院校使用需要自行负担一定的成本。

（3）"政校合作，独立管理"机制，即基地由政府和学校合作建立，由政府主导，独立管理，建立独立账户，专款专用，收入上缴财政管理，支出通过预算向政府财政申请。这种机制可以提高实习资产的利用率，避免基地重复建设，减轻院校在实习方面的投资压力。

第四节　小结

一、我国校企合作的反思性分析

经过几十年的快速发展，我国的高职院校校企合作已经经过了产生到发展、发展到繁荣、繁荣到转型的多个历史时期，如今已经取得诸多喜人成绩。可以说，我国的校企合作虽然起步比欧洲国家略晚，但是已经发生了翻天覆地的变化，大有后来居上之势。不过由于在 20 世纪长期受到计划经济思维的影响，且早期基础较为薄弱，我国的校企合作也有一些有待完善之处，具体表现在以下方面。

（一）校企合作实践与培训流于形式

高职院校与普通高等院校最大的区别就是其应用性和实践性较强，经过科学系统的培养，能够促进学生实践能力明显提升，并且学生可以在毕业之后直接进入工作岗位，实现学生到企业的无缝对接，这对于学生的职业发展和行业的创新发展都有一定的积极意义。这就要求，高职院校要深刻认清"高职院校是企业发展的一个环节"这一真理，在真正意义上将校企合作看作一个整体，其教学目标就是要让学生将来能够在企业中得到更好的锻炼，从而培养出社会需要的应用型人才队伍。

事实上，在多数西方发达国家中，校企合作已经实现了比较全面的内涵式发展，高职院校以应用型人才的培养作为主导，以实践能力作为重要素养，从而培养出大量符合社会各行业各岗位所需要的人才。然而，目前我国部分高职院校的校企合作仍然流于形式，许多院校只是完成基本的教学评估，以应付的心态对待实践活动。而学生在企业中也缺乏实践精神，往往以"三天打鱼、两天晒网"的心态对待实践，这显然与真正的校企合作目标脱节，无法真正达到校企合作人才培养的预期目标。

（二）校企合作管理模式存在疏漏环节

高职院校的学生管理是如今高职院校创新发展所需要关注的重要方面。科学合理的管理手段既能够有效地节约人力、物力、财力，还能够让学生的校园生活具有安全性、条理性，如运用信息化技术实现互联网管理等。相较于一般情况下的管理活动，校企合作过程中的学生管理则稍显复杂。合作开展时，学生时常游走于学校和企业之间。一方面，学生需要在学校完成学业，在特定的时间学习理论课程；另一方面，学生也要完成企业所规定的任务。而复杂的实习过程给学生管理增加了许多不确定性。如果校企合作管理模式出现问题,轻则影响学生学习和实践的积极性与主动性,重则导致学生出现心理问题,甚至引发严重的后果。然而,目前部分高职院校校企合作的管理模式存在一些疏漏环节,如缺少长远缜密的管理考量;实践课程安排时常变化;实践课程的成绩缺乏全面客观的评价体系等。这对于学生、学校、企业都会产生不良影响。因此,校企双方需要逐渐完善其各自在管理模式上的欠缺环节,并且要建立长效沟通机制,探索全方位宽领域的学生管理模式,从而帮助他们打造构建更加优异的实习培训环境。

(三)校企合作广度与深度有待进一步完善

在知识经济成为主流的现代化社会,人才已经成为最重要的竞争力之一,谁掌握了人才,谁就掌握了行业发展的动力与财富积累的密码,因此越来越多的企业开展各式各样的人才引进活动,并且希望通过校企合作的形式预先培养一批专业性的"有生力量"。可见,校企合作对于目前的企业乃至行业发展都有重要意义。只要学校与企业构建科学化、体系化的合作交流平台,就可在此平台上培养大量专业人才。

然而,目前许多高职院校校企合作却无法真正实现这一构想,这主要是由于校企合作的广度与深度有所不足。在广度上,我国高职院校众多,真正开展科学合理校企合作的院校并未实现全覆盖,还有相当一部分院校,尤其是西北部经济欠发达地区的高职院校并未与企业建立密切的合作关系;在深度上,仍有部分高职院校与企业的合作深度不足,实习、培训、顶岗等活动仅仅沦为形式,停留在浅层,显然这对于学校的专业化建设,对于企业的人才队伍扩充并没有实际的益处,反而还会过多耗损校企双方的人力与财力。

因此,目前一些院校与企业的合作在广度和深度上仍然有待完善,制约了校企合作的内涵式与创新式发展，这需要有关部门负责人提起高度关注，并在将来的教育改革深化进程中制定相应举措。

（四）校企合作相关政策与制度仍有待完善

虽然发达国家在校企合作方面各具特色，各有其优势和长处，但是各国也在某些方面具有共同之处，如各国政府都十分积极制定相关的法律法规，并积极协调、监督、促进校企合作机制的顺利运行。我国虽然已经有与之相关的法律条文与相关规定，但是仍然需要进一步完善与发展，以之作为校企合作的重要保障。

总体来说，政府在校企合作中发挥的作用有限，缺乏校企合作相关的法律和制度保障，且已有的政策中，提倡和鼓励政策较多，约束和考核制度较少，没有形成一个有利于高职教育校企合作长效发展的制度环境。从学校角度来看，很多高职院校还没有建立与校企合作相适应的教学与管理制度，过程管理缺乏标准，监督和评价没有落实到位；从企业角度来看，很多企业参与校企合作带有很大的随意性，没有制定关于参与高职院校人才培养、师资建设、基地建设等方面的制度。

二、国外校企合作的经验与启示

"校企合作作为一种人才培养模式，对于实践能力强的应用型人才的培养至关重要。国外高校在校企合作方面具有丰富的经验。"[①]通过对国内外校企合作发展历程与现状进行分析与研究，可以从中找到许多可供我国高职院校校企合作借鉴的积极因素。

---

① 刘扬，陈叶盛.论国外校企合作的典型模式及对我国高校的启示 [J].科教文汇（中旬刊），2016（1）：116-117.

（一）强化高职教育宣传力度，为校企合作创造最佳的社会环境

高职教育作为高等教育的重要分支，在高等教育体系中扮演着十分重要的角色。近年来，我国高等职业教育呈现出前所未有的发展势头，办学思想日益明确，办学规模不断扩大，办学形式日趋多样化。随着社会不断发展，人的主体地位与作用日益凸显。

在 21 世纪的第二个十年，我国高职教育迈上更高一级的台阶。2016年 12 月 2 日推进职业教育现代化座谈会在京召开，李克强同志作出重要批示，批示指出："切实把职业教育摆在更加突出的位置，加快构建现代职业教育体系。坚持面向市场、服务发展、促进就业的办学方向，进一步深化改革创新，强化产教融合、校企合作，积极鼓励和支持社会力量参与，努力建成一批高水平的职业学校和骨干专业，加快培育大批具有专业技能与工匠精神的高素质劳动者和人才，深度融入大众创业、万众创新和'中国制造 2025'的实践之中，促进新动能发展和产业升级，带动扩大就业和脱贫攻坚，为推动经济保持中高速增长、迈向中高端水平作出新贡献。"2019 年 1 月国务院下发《国家职业教育改革实施方案》（以下简称《方案》），《方案》对我国职业教育作出全新部署与安排，进一步明确了职业教育的总体要求与目标、具体要求等内容。可见，党中央对于我国的职业教育事业始终保持高度关注。

然而，目前职业教育的"含金量"在国民心中仍然有待提高，许多人甚至打心底认为职业教育是"学习差的学生的专属"，这在很大程度上制约了职业教育的发展。而从德国等国的校企合作发展经验中可以得知，职业教育丝毫不逊于学术教育，只有专业人才和学术人才各司其职、明确分工，才能确保社会各行各业高效运转。甚至在国外部分地区，人们普遍认为职业教育比普通高等教育具有更高的"含金量"。对此，我国应适当做出转变，让职业教育与高等教育实现"对等化"发展。这就必然要强化高职教育宣传力度，从而为校企合作创造最佳的社会环境。

（二）推进高职教育与理论教育融合，实现学生"双证并举"发展

高职教育的重点在于提升学生的实践能力、动手能力、创新能力，伴随这些能力的提升，他们在应对相应岗位的具体工作时，便能够更加得心应手，以至于在未来的职业道路中能够具有更大的上升空间。

我国高职教育已经取得不俗的成绩，许多院校对于学生实践能力的提升尤为重视，但是这容易导致顾此失彼的情况发生，如部分院校过于重视学生的动手实践能力，为学生安排了过多的实践课程，以至于他们的基础文化课程较少，学生群体应具备的基本文化素养较低，出现文化与技能完全不对等的情况。

从国外某些校企合作的经验中可得知，部分院校把职业教育与素质教育结合起来，在加强职业教育的同时，也兼顾了学术教育，实行职业资格证书与学历证书并举的制度，这对于促进学生专业能力与文化素养的同步提升具有举足轻重的意义。例如，"美国通过学校聘请各个行业专家组成专业委员会，确定某一职业所应具备的能力，然后组织相关教学人员将相近的各项能力归纳为教学模块制定教学大纲，并以此施教；在德国，不仅企业参与教学内容的制定，而且职业培训和考试的内容也来源于企业机构的需要；英国企业支持职业教育的教学实习及教学条件的改善，积极参与职业教育的课程设计，企业根据市场信息和企业人才需要及时调整和修订职业教育课程；澳大利亚的职业学校课程中有 3/5 是围绕职业岗位而进行的专业教育"[1]。

对此，我国未来的高职教育也可以借鉴这种发展方式，在注重实践教学、加强校企合作、完善顶岗实践的过程中，同时强调学术教育。

---

[1] 汪茧.国外高职校企合作教育经验对我国建设校企合作教育的启示[J].世界教育信息，2008（10）：63-65.

　　高职院校的课程内容及教学安排应由学校、企业及相关专家决定，并应以"理论知识够用，增加实践教学环节"的观念设计对学生的培养方案；还应设有市场调研组，学校应根据企业及市场所需设置专业，不断调整专业的外延和内涵，创建新专业，改造旧专业，使专业建设处于动态之中。同时需要注意的是，虽然对于职业教育来说文化素养并非主要的培养方向，但是也不应完全偏废。因此，未来的高职教育应该追求理论与实践的最佳结合。例如，高职院校可以聘请更加专业的学者教授协商制定科学合理的教学方案，实现学生文化素质与专业能力的协调提升，以促进高职院校学生"双证并举"发展。

（三）强化高职教育师资队伍建设，促进高质量教学活动开展

　　"加强职教师资队伍建设，是办好职业技术教育的一项战略措施。"[①]伴随科学技术进步与经济水平不断发展，高职人才的需求量激增，这就要求培养与之相匹配的大量优质高职教师。充沛的优质高职教师队伍是提升高职教育教学质量的"先锋军"。

　　在我国职业教育发展的早期阶段，许多职业院校的教师并未接受过系统的专业训练，他们中的许多人仅是某一领域的从业者，具备基本的职业需求，但是他们的教学方法各不相同，其中一些教师教学方法落后，导致教学成效甚微，这对于提升高职学生群体的专业能力没有明显帮助。

　　以德国为代表的诸多欧洲发达国家在职业教育的师资力量方面有比较严格的规定。职业教师需要经过严格选拔，在层层筛选之后方可正式上岗。针对我国部分高职院校师资力量匮乏、学历达标率低的情况，我们也应采取相应措施，强化高职师资队伍，促进高质量教学活动稳步推进。例如，加强职业教育师资培养培训基地建设；拓宽职业教育师资来

---

① 张忠信，高红梅.校企合作的理论探索与实践 [M].沈阳：辽宁大学出版社，2007：133.

源渠道，实行开放式教师培养体制，挑选愿意担当职教教师的各类学校毕业生到职业教育师资培养培训基地接受 1～2 年的教育专业学习和技能训练，并通过教师资格考核后到职业教育学校任教，开通面向社会招聘职业教育专业师资和实习指导教师的渠道，并制定一些优惠政策，吸引社会有关人士报考、应聘；继续从社会聘请一部分兼职教师，实行专兼结合；等等。

（四）完善校企合作立法，为人才培养提供政策保障

政策与法规的完善与否，决定了校企合作人才培养活动是否具有可靠遵循，以及明确的保障。在保障充分的情况下，校企合作协同育人的具体活动才能按照政府的规定来行事，相关的活动才能更加规范。

自改革开放以来，我国高职教育相关立法不断完善，国家对于高职教育的重视程度不断提升，基本形成相对完善的法律体系，包括《中华人民共和国教育法》《中华人民共和国劳动法》《中华人民共和国职业教育法》《中华人民共和国义务教育法》《中华人民共和国高等教育法》《中华人民共和国教师法》《中华人民共和国民办教育促进法》等，此外还有许多与以上法律条文相关的延伸性与拓展性的独立规定，这对于我国高职教育校企合作的发展具有很重要的帮助。然而，部分高职院校校企合作还是存在"剃头挑子一头热"的问题，许多高职院校领导阶层表示校企合作自身仍然处于"一厢情愿"的地步，因此在相关政策层面仍然需要加强，从而为高职教育校企合作提供更加充分的制度保障。

目前，诸多发达国家政府通过立法保证校企合作顺利开展，制定、实施涉及双方合作各个方面的法律制度，加大校企合作领域的投资力度，构建起完善的机构对校企合作进行管理。这值得我们提起高度关注，从中汲取有助于提升校企合作人才培养质量的积极成分。"例如，德国进行校企合作之初就面临着很大的困境，国家出台《职业技术教育改革策

略》，妥善地解决问题并及时扭转局面。随着社会进步与经济发展，德国政府又制定并实施各种职业技术教育法律法规，为校企合作的全面开展提供必要的法律保障。其他国家也结合自身具体情况建立健全保障制度与法律体系，推动本国校企合作的有效实施。如日本制定《职业能力开发促进法》，澳大利亚制定《培训保障法》等。"[1] 因此，我国也要按照现阶段校企合作的实际情况，对相关法律法规进行完善，出台制度与政策全面保障与引导校企合作，逐步增加投资力度，为全面发展校企合作开创优秀的环境。

（五）加大财政投入力度，为校企合作提供资金保障

充足的经费是教育活动不断发展的前提与保障，可见经费保障是高职教育校企合作长效发展的必备条件。"德国的'双元制'经费主要来源于两个渠道：企业及跨企业职业培训的费用大部分由企业承担；职业学校的费用则由国家及各级政府负担。英国引入市场机制建立了以政府和企业投入为主的多元化职业教育经费筹措机制，如建立了继续教育经费理事会，制定鼓励企业多种方式投资的政策等。因此，我国应在高职教育校企合作发展的各个阶段给予多渠道、多途径、充足的经费支持，对于可能产生重大技术突破、风险大、投资多的研究项目，政府可通过风险基金给予支持，或者政府和企业按照一定的比例出资实施项目。"[2] 又如，各级政府还可以专门制定符合不同区域校企合作实际情况的财政支持政策，对校企双方分别提供相应支持，对于具有一定发展前景，但是时下经济实力较弱的企业给予一定的经济扶持等。

---

[1] 苏郁锋，王满四，张延平.国外校企合作中的高等教育改革模式与经验借鉴 [J].特区经济，2017（5）：53-55.
[2] 沈思远，陈建明.高职教育校企合作长效机制探索：国外经验与启示 [J].绥化学院学报，2016，36（11）：116-119.

（六）完善职业资格证书体系

设置职业资格证书是择优录用从业人员的一种手段，也是教师管理走向规范化的重要举措，更是教师职业走向专业化的结果，对于提高学校教育质量具有重要意义。职业资格证书可作为检验教师职业水平的重要参考，目前国外诸多发达国家已经有比较完善的职业资格证书体系，且该体系除了包含职业教师，还对企业内的高级技工设有相关的标准。在这样的情况下，国外高职院校校企合作的师资得到了有效保障，无论是学校内的教师还是企业中的高级技术人员，都具备比较完善的职业素养，能够将自身所学传授给顶岗实习的学生群体。然而，目前我国高职教师的职业资格证书体系还不够完善，从宏观层面来讲，已有高职职业资格证书的相关规定，但是具体到各个区域，许多高职院校并未将该证书作为教师的选拔和考核的重要参考，因此部分教师的教学能力与专业水平不尽如人意。对此，我们必须要转变观念，逐步完善职业资格证书体系，向发达国家完善化的职业资格证书体系看齐。例如，不断完善高职教师的资格认定体系，遵循全面化与科学化的原则，提高高职院校教师门槛，只有符合相关资格要求的教师才能够带领学生进行实习实践；又如，畅通职业资格证书的晋升渠道，教师满足一定的资格要求之后，可以通过自身努力进一步提高证书的等级，丰富证书的含金量，这不仅是教师充实自身专业能力的过程，也是为今后的职业教育蓄力的过程。

第四章　校企合作人才培养理论

第一节　系统论

一、系统论的相关概念

系统论本是一个科学名词，是科学家在进行科学研究时所常常使用的理论体系。在系统论的视域下，科研活动变得更加有章可循。系统论的主要任务就是以系统为对象，从整体出发来研究系统整体和组成系统整体各要素的相互关系，从本质上说明其结构、功能、行为和动态，以把握系统整体，达到最优的目标。如今，系统论广泛应用于社会中的各行业各学科之中，尤其在人才培养方面成效卓著，成为校企合作人才培养的重要理论之一。

系统论思想具有悠久的历史，早在古希腊时期，其实就已经出现与系统论相关的思想体系，如亚里士多德就曾在其灵魂学说中体现出一定的系统论的倾向。与此同时，我国正处在春秋战国时期，诸子百家的思想精华中充分体现了系统论的思想。例如，兵家代表人物孙武代表作《孙子兵法》中则有普遍联系的系统性思想；古代中医学认为人的身体是一个普遍联系的整体，任何部位出现不适，都可以通过调理与之相关的部位，来达到改善病症的目标；儒家思想则认为统治者与被统治者也处于一个整体中，如果统治者奉行民本思想，那么社会将更加安稳，反之则容易发生暴动。可见，儒家思想将君王和平民全部纳入一个系统中，从宏观的层面来分析治国理政的本质。

不过系统论具体化的提出大致始于 20 世纪 30 年代。当时美籍奥地利人、理论生物学家 L.V. 贝塔朗菲（L.Von.Bertalanffy）在相关领域具有很高的造诣，于 1937 年提出一般系统论原理，并于 1945 年发表论文《关于一般系统论》，对系统论相关的概念进行了比较详细的论述。1948 年，贝塔朗菲在美国再次讲授系统论，在学术界引起轩然大波。此后又经过多年的研究与发展，终于在 1968 年，贝塔朗菲发表专著《一般系统论：基础、发展和应用》，该书则被公认为这门学科的代表作。

在系统论的思想体系中，任何系统、任何体系都普遍具有开放性、自组织性、复杂性、整体性、关联性、等级结构性、动态平衡性、时间性等特点。系统论的核心与主旨则是整体性观念，理论开创者贝塔朗菲曾表示："任何系统都是一个有机的整体，它不是各个部分的机械组合或简单相加，系统的整体功能是各要素在孤立状态下所没有的性质。"

系统论的基本思想方法，就是把所研究和处理的对象当作一个系统，分析系统的结构和功能，研究系统、要素、环境三者的相互关系和变动的规律性并进行优化。用系统观点看问题，世界上任何事物都可以看成是一个系统，系统是普遍存在的。在世界中，大至浩浩苍天、茫茫宇宙，小至蜉蝣尘埃、沧海一粟，任何事物都是系统中的一个组成部分、一个集合。因此，事物总是普遍联系而无法分割的。系统多种多样，能够随着不同的原则和具体情况来划分系统的类型。一般根据我们干预的情况可将其划分为自然系统、人工系统；按学科领域就可分成自然系统、社会系统和思维系统；按范围划分则有宏观系统、微观系统；按与环境的关系划分就有开放系统、封闭系统、孤立系统；按状态划分就有平衡系统、非平衡系统、近平衡系统、远平衡系统；等等。

系统论的产生与发展，对于人类社会具有十分重要的意义。首先，系统论促进人类的思维方式发生明显的变化，系统论看待事物和问题的视角更加宏观。传统思维方式往往从表象认知事物，以孤立的观点看待问题，无法认清事物之间的内在联系，这样一来，便难以全面了解事物的本质，反而容易被复杂的表象遮蔽双眼。而系统论主张以辩证和联系的视角看待问题，把事物分解成为许多部分，从中找到具有一定意义的因素，这能够有效改变人们的传统思维方式，让人们学会变换角度看待问题，从而获得新的体会。其次，系统论促进人类科学的发展。在系统论的视角下，科学领域的工作人员会从普遍联系的视角出发，在各种事物普遍联系的前提下进行分析与研究。当研究遇到困难、难以突破时，工作人员可以换个思路或换个角度，以一条隐性存在的脉络来串联其所要研究的内容，对其进行高度综合化的归纳总结，这样一来，人们更容易从中获得新的发现。最后，系统论还有利于社会中诸多行业的发展与完善。系统论的根本特点在于普遍联系。在系统论的影响下，各行业、各学科将会逐渐发生联系，如跨学科跨领域的结合，这种结合能够实现不同行业的优势互补、协同促进，这对各行业的发展具有一定的积极帮助。

在当代的校企合作人才培养过程中，系统论也起到了十分关键的作用。按照传统的实践人才培养理论来看，学校只需要在理论课程之外为学生适当增加实践课程即可，而实际上，这种实践与真正的社会实践相差甚远，学生根本无法从中获得实践能力的明显提升。如今在系统论的影响下，教育领域的工作人员开始转变教学思路，认为校企合作的事业中，学校、企业是一个整体，如果与企业断开联系，希望通过学校单方面的努力完成高质量的校企合作人才培养，则是不切实际的。因此，如今系统论已然成为产教融合理念下校企合作人才培养的重要理论。

二、系统论视域下的人才培养

系统论是以系统为研究对象，从整体出发来研究系统整体和组成系统整体的各子系统之间的关系，以把握系统的整体性，达到最优化目标。

高职院校人才培养是一个具有复杂结构的、由多个相互协作的子系统组成的、不断发展变化的大系统。因此从系统论出发，把高职院校人才培养体系作为一个系统加以考察和分析，无疑将有助于我们高职院校人才培养体系的完善。

（一）整体性

校企合作人才培养是一个复杂的过程，需要学校与企业的密切配合、学校内部各部门的密切配合，还需要对宏观政策具有比较准确的把握。因此，必须进行整体性分析，以普遍联系的视角深入研究人才培养的具体方案与具体计划。

首先，要将学校与企业二者看作一个不可分割的整体，校企合作培养活动将在其中进行。虽然在校企合作活动之外，学校与企业属于两个独立的个体，但是在校企合作过程之中，二者已经完全融为一体。无论采用哪一种具体的合作方案，无论是学校主导还是企业主导，也无论是"引企进校"还是"引校进厂"，都始终无法避免学校与企业的关联。二者必须密切配合、协调一致，共同促进学生实践能力、顶岗能力等多项能力的提升。因此，学校与企业的管理人员先要明确学校与企业的关系，以整体视角来统筹规划、全面布局。

其次，学校内部各个部门也要看作普遍联系的整体。在学校尤其是高职院校中，部门众多，不同的部门具有不同的职责，分管不同的具体事宜。目前，高职院校中的许多部门之间往往具有很大的独立性，因此它们往往只为自己的部门目标而努力，而没有把自己的局部目标与高职院校的整个目标联系起来考虑。这样一来，部门与部门之间缺乏协同效应，无法对人才培养工作做出系统性的努力，难以收到良好的教学效果。事实上，校企合作人才培养的过程中，教师需要将学校内部的各部门统一协调起来，从而形成培养实践型人才的合力。反之，如果只是单纯依靠课程，而缺乏其他方面的引导，那么人才培养的成效也将大打折扣。总之，"高校人才培养系统的功能和活动规律，存在于其各要素及其相互联系、相互作用、相互制约的关系中，单独研究其中任何一部分都不能揭示出人才培养的规律性。人才的成功培养需要高校多个部门、多个因素之间的共同作用，共同为一个整体目标而努力"[①]。

（二）动态性

系统的动态性是指任何系统都有一个酝酿、形成、发展、变化的过程。系统论除了强调横向的联系，强调事物与事物之间、部门与部门之间的联系之外，也强调纵向的联系，即看待事物和分析问题时，要善于使用动态性的眼光。在辩证的观点看来，任何事物都处于不停的变化过程中，借用古希腊哲学赫拉克利特的言论，即"没有人能够两次踏进同一条河流"，这充分表明了事物不停运动的本质与特点。

在系统论的视域下开展校企合作人才培养，必须进行动态性分析，从纵向准确把握人才培养的全过程。人才的培养不是一成不变的，因此高职院校人才培养目标的实现是个动态的过程，社会需求和个人需求的不断变化决定了高职院校人才培养的动态性。人才培养的总目标要通过各子目标的实现而达成，具有较强的动态性。另外，人才培养的目标要着眼于不断变化的未来，人才培养要具有超前性，要培养出能够适应未来人类社会发展要求的人才，而不是培养一成不变的人才。高职院校必须根据未来社会发展变化的趋势，培养面向未来的创造性人才。

要始终明确人才培养的动态性特征。随着时间的流逝，一切事物都将发生变化。教育工作者在看待学生时，要避免僵化与教条，而是要以辩证的、动态的眼光进行审查，并深入分析判断。校企合作人才培养是一个动态发展过程，其中的构成要素均是动态发展的。第一，学生的课

---

① 杨海涛，范忠宝.教学改革理论与实践[M].北京：中国金融出版社，2007：245.

程设置需要进行适当调整。相较于大一、大二学生，大三学生的课程构成要具有更强的现实性与实践性，更多地与社会接轨，为他们进入企业实习实践提供一定的帮助与支持。如果大三学生的课程仍然过于理论化，那么当学生顶岗实习时，很可能会出现手忙脚乱、手足无措的情况，这显然不利于他们工作能力的稳步提升。必须随着社会发展与学生能力变化而适当调整课程知识结构，如适当增加或删减内容等。第二，学生的教学方式需要进行适当调整。针对不同的授课内容与不同学习阶段的学生，教学方式也应适当改变。在讲授实践性知识时，授课方式可多采用演示法、实践法、情境法，而讲授理论知识时，授课方式可多采用讲授法等。总之，要随着情况的变化而调整教学方式，要严格避免对不同年级和专业的学生使用同样的教学方法。

（三）环境性

系统论认为，人是社会中的人，社会是人化的社会，人们始终处于社会这一巨大的"熔炉"之中，与我们相关的一切事宜，无论是学习、生活，还是工作，都与社会大环境始终保持着十分密切且难以割舍的联系。此外，系统论始终认为我们不仅处于这种环境之中，还受到环境内外部因素的制约与影响，任何脱离社会、脱离现实分析问题的主张都是行不通的。因此，高职院校校企合作人才培养也必须要符合这一要求。"高校系统的存在和发展，要依赖外部环境，要受到外部环境的制约。高校人才培养是一项艰巨复杂的系统工程，涉及社会、高校、家庭各个方面。高校发展既需要发挥高校自身的主观能动作用，更需要社会和家庭的支持和合作，因此，必须把高校系统置于社会大环境中，与社会诸方面改革步调一致，协调发展。通过培养高素质的人才参与社会生活，自觉地优化社会环境和家庭环境，从而形成一个相互促进的良性循环系统。"①首先，教师要根据社会发展的实际情况制定教学策略，要对社会中相关行业的发展进行调研与考察，制定符合社会发展趋势的具体方案，从而培养出社会需要的人才；其次，企业也要认清市场环境，派出市场调查专员，对行业进行深入考察，从而调整校企合作人才培养的具体方案与实施细则，让人才培养方式与时俱进，从而取得事半功倍的效果。最后，家庭也是其中一个重要环节，学生的家长也应在家庭中适当起到支持与导引的作用，帮助学生树立专业学习的信心，做好人才培养事业中的"辅助者"。

第二节　人本主义学习理论

一、人本主义学习理论的相关概念

人本主义学习理论是建立在人本主义心理学基础上而产生的一种关于学习的思想理论体系，对该理论体系产生重要影响的代表人物为亚伯拉罕·马斯洛（Abraham H.Maslow）和卡尔·罗杰斯（Carl Ransom Rogers），他们在心理学发展史上具有重要意义，也因此，人本主义心理学才造就了如今的人本主义学习理论。在人本主义心理学家看来，心理学在进行研究时，应当把人当作一个整体，而不是只研究每个人内在心理的某一部分或某一层面，这是因为，心理因素的各个环节都能够对其他环节产生一定的影响。人本主义心理学是有别于精神分析与行为主义的心理学界的"第三种力量"，主张从人的直接经验和内部感受来了解

---

① 杨海涛，范忠宝.教学改革理论与实践 [M].北京：中国金融出版社，2007：246.

人的心理，强调人的本性、尊严、理想和兴趣，认为人的自我实现和为了实现目标而进行的创造才是人的行为的决定因素。

（一）人本主义学习理论的基本观点

人本主义学习理论十分强调和重视个体的主动学习能力，以及他们自主学习的积极性，只有主体能够自我意识到学习的重要性，才能够对学习产生兴趣，并且最大化提升学习效率，从而实现个人的长远发展。人本主义学习理论主要包括五大观点，分别为潜能观、自我实现观、创造观、情感因素观与师生观。

人本主义学习理论的主要观点如图 4-1 所示。

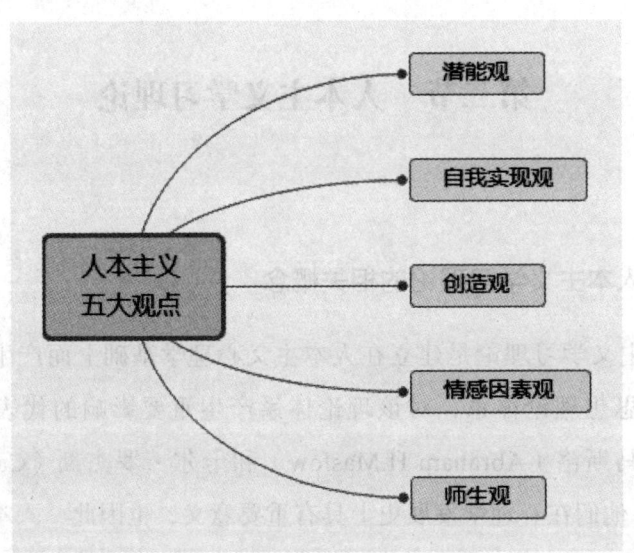

图 4-1　人本主义学习理论的主要观点

1. 潜能观

潜能观，认为任何个体都有其内在潜能，潜能有高有低、各不相同，潜能如果能够充分释放，那么将有助于大幅提升个体的学习能力。然而现实中人们的潜能绝大多数都被"掩埋"，若非在特殊的机遇下无法得到展现。因此，对于教学者来说，如何挖掘学生的潜在能力则显得尤为重要。以此为出发点，人本主义学者一般认为教育者既要强调学生的个人学习能力，也要努力提升自己发现和发掘学生潜能的能力。

2. 自我实现观

"自我实现观，也叫自我发展观。人本主义理论高度重视学生的个性差异和个人价值观，强调学生实现自我（发展），把学生的自我实现作为教学的目标。但由于人的知识水平、接受能力、兴趣爱好、学习方法和学习习惯不同，所以学生学习存在个性差异。"①因此，在具体的教学活动中，教师群体应当根据学生的个性差异因材施教，仔细观察不同学生的特点，并为不同学生创设不同的学习条件，使每个学生都能获得自由发挥的机会，从而满足不同的个性需求，让学生认识到自身价值。这也对教师提出了更高的要求。教师必须在教学过程中更多留意学生的课堂表现，同时还需要在课后做好观察与记录，以促进学生获得更好的发展。

3. 创造观

创造观，是一种关于创造力的观念。毋庸置疑，创造力对于个体发展具有重要的作用。创造力是人类特有的一种综合性本领，指产生新思想、发现和创造新事物的能力。它是成功地完成某种创造性活动所必需的心理品质。它是知识、智力、能力及优良的个性品质等复杂多因素综合优化构成的。人本主义崇尚培养学生的创造力。正如罗杰斯所认为，每一个人都具有一定的创造力与创造潜能，教育活动应当激发这种潜能。

4. 情感因素观

"学习中的情感因素，与发掘学生潜能、发展学生创造力有密切关系。人本主义理论特别重视这一点，认为学习是学生个人主动发起的

---

① 孔维民. 心理学 [M]. 合肥：安徽大学出版社，2020：242.

（不是被动地等待刺激）。个人对学习的整体投入，不但涉及认知能力，而且涉及情感、行为等。学生学习兴趣浓厚、目标明确是十分重要的情感因素。教师必须充分地为学生创设良好的学习环境，把学生吸引到学习的情境中来，并能让学生长时间地坚持学习。就这种情感因素的创造而言，教师要积极引导学生创造这种情感因素。"[①]

5. 师生观

在人本主义的视角下，师生观是很重要的一个方面。师生关系不仅是教学活动所赋予的，更是师生双方经过长久相处磨合而形成的"情感纽带"。因此，教师需要学会将心比心、换位思考、了解学生，设身处地为学生考虑，坦诚面对学生，并且充分相信学生、尊重学生，从而创造出一种民主、平等的课堂氛围。这样一来，学生在学习中则不容易感到压抑，从而更加积极主动地学习。

（二）人本主义学习理论的特点

人本主义学习理论的特点主要体现在以下方面。

第一，人本主义学习理论十分重视学习者的内心世界。学习过程中，学习者处于主体的地位，只有主体真正获取了丰富的知识，学习活动的目标才能够真正达成。因此，学习者的内心世界必须处于积极的状态。如果内心繁杂，缺少学习动机，那么学习的效率也将降低。人本主义深刻认清这一规律，要求对学习者的周围环境等一系列因素做出研究，消除阻碍学习者潜能实现的障碍。总之，人本主义学习理论重视教育者对学生内在的心理世界的了解，以顺应学生的兴趣、需要、经验以及个别差异等，达到开发学生的潜能的目标。

第二，人本主义学习理论十分重视内在情绪状态。学习者如果具有

[①] 孔维民. 心理学 [M]. 合肥：安徽大学出版社，2020：243.

积极的内在情绪，那么学习的氛围是自由的、宽松的、快乐的，这样的情况下，更有利于教师激发学生的学习积极性，从而促进学生的成长与学习。

第三，人本主义学习理论在十分重视学生个别差异与自我概念的同时，也重视师生关系、课堂气氛及群体动力的作用，促使教师更加重视与研究那些涉及人际关系与人际感情的问题是，诸如自我概念与自我尊重、气氛因素及学生对新的学习的知觉方式的调节、学习能力的获得、持续学习等问题；促使教师从学生的外部行为理解其内在的动因；促使教师在讲授知识中深入理解讲课内容，同时正确地理解自己。这无疑促进了教师心理的理论研究，对完善教师的态度定势与教学风格具有十分重要的意义。

第四，人本主义学习理论主张"在做中学"，有利于在教育中消除教师与学生、学和做、目的和手段之间的距离和对立，使学习成为乐趣，对于克服我国教育中仍然存在的过分重视书本知识的作用和价值，忽视在实践活动中学习的偏向具有很重要的借鉴意义。

二、人本主义学习理论视域下的人才培养

人本主义学习理论对于发展教育事业、促进我国高职教育转型、推动校企合作深入开展具有十分重要的现实意义。相较于西方发达国家，我国校企合作发展得较晚，但是经过几十年的努力，如今已经取得了诸多喜人成绩。在未来的校企合作发展过程中，应当在人本主义学习理论的影响与指导下，进一步实现学校与企业的深度融合。

（一）分析学生个人特点

人本主义的重点在于"以人为本"，体现在教学中也就是"以生为本"，所以无论是教师还是企业中的工作人员，都要以学生作为根本，

尊重学生、爱护学生，并且以学生的各项能力的提升作为培养的根本目标。因此，必须要着重分析学生的个人特点。在社会中，由于生理因素与社会因素的差异，每一个独立的个体都与其他个体存在明显的不同，这在他们自身的认知层面上有明确的体现。所以校企合作的一切安排都要强调个体的差异性，正因为差异性的存在，教学活动才能够变得更加丰富多彩。

如今，我国的许多高职院校都十分注重学生的差异性，并且针对其差异性制定了许多具有针对性和特色性的教学策略，不过这种模式的发展仍然还不够彻底，在部分学校中，千篇一律的教学模式仍然占据主导地位。所以在人本主义学习理论的视域下，教育者应当充分认知学生发展的规律，在了解该年龄阶段学生整体性特点的情况下，充分研究和分析他们每一个个体的特点，包括性格特点、天赋特点、认知特点等。

总之，全面深入分析每一个学生的特点，是人本主义教学开始的第一步，如果忽略个体的差异性，则往往会陷入与人本主义相违背的怪圈之中。

（二）实现学生全面发展

人本主义还有一个关键的特点，即注重个体的全面发展。在校企合作人才培养的过程中，学校与企业既要各司其职，又要协调同步，要着力提高学生的理论知识素养，扩充他们的知识面，从而提高他们的学术水平。虽然高职院校以教授专业技术为主，但是基本的知识是提高学生学习能力和思维能力的保障与前提，因此学生学术素养的提升也是至关重要的。

同时，校企需要协同发力，给学生创造充分的实践空间，让他们在专业对应的岗位中模拟真实工作场景。伴随多次实践操作活动，学生的动手能力会显著提升。

总之，如今的社会对于人才的要求越来越高，社会不仅呼吁"专才"，更希望能够出现越来越多的"通才"，所以校企需要朝着"双证"人才的方向去努力，促进学生实现全面发展。

第三节 激励理论

一、激励理论的相关概念

激励理论本是管理学领域的重要范畴之一，指通过特定的方法与管理体系，将员工对组织及工作的承诺最大化的过程，是关于满足人的各种需要、调动人的积极性的原则和方法的概括总结。在校企合作人才培养的过程中，激励理论具有重要的作用，既能够提高学生的学习积极性，又能够有效提升教学质量，促进学生专业能力的快速提升。

（一）激励理论简介

自二十世纪二三十年代以来，国外许多管理学家、心理学家和社会学家结合现代管理的实践，提出了许多激励理论。这些理论按照形成时间及其所研究的侧面不同，可分为行为主义激励理论、认知派激励理论和综合型激励理论3大类。

激励理论是管理心理学的范畴，早期的激励理论研究是对于"需要"的研究，回答了以什么为基础，或根据什么才能激发调动其员工工作积极性的问题，包括马斯洛的需求层次理论、赫茨伯格的双因素理论和麦克利兰的成就需要理论等。

最具代表性的马斯洛需求层次理论提出人类的需要是有等级层次的，

从最低级的需要逐级向最高级的需要发展，需要按其重要性依次排列为生理需要、安全需要、归属与爱的需要、尊重需要和自我实现需要，并且提出当某一级的需要获得满足以后，这种需要便中止了它的激励作用。

激励理论中的过程学派认为，通过满足人的需要实现组织的目标有一个过程，即需要通过制定一定的目标影响人们的需要，从而激发人的行动，包括弗鲁姆的期望理论、洛克和休斯的目标设置理论、波特和劳勒的综合激励模式、亚当斯的公平理论、斯金纳的强化理论等。

（二）激励的功能与作用

抛开管理学领域不谈，激励本身对于教育事业也有十分重要的功能与作用。有了激励，人就能够对即将要做的事情产生强烈的欲望，在这种欲望的推动和驱使下，就会想尽各种办法达到目标。简单来说，激励有助于个体按照自身的既定规划逐步达成目标。而在校企合作人才培养的具体实践中，激励活动还有许多其他功能与作用。

激励能够帮助学生树立学习与实践的信心。在漫长的学习生涯中，学生很可能会由于学习压力过大或遇到困难而产生"打退堂鼓"的念头，这时即使强制要求他们保持学习热情，他们也很难对学习产生兴趣。而适当进行激励，则能够产生出其不意的效果。有效的激励能够激发学生的学习动机，也就是说要用各种有效的方法去调动他们的积极性和创造性。有效的激励会点燃学生的激情，促使他们的学习动机更加强烈，让他们产生超越自我和他人的欲望，并将潜在的巨大的内驱力释放出来。

（三）激励遵循的原则

在进行激励时，一定要遵循特定的原则，只有发挥既定原则的约束作用，才能够促进激励活动产生应有的成效。激励所要遵循的主要原则有目标性原则、引导性原则、合理性原则、明确性原则、时效性原则等。激励原则如图4-2所示。

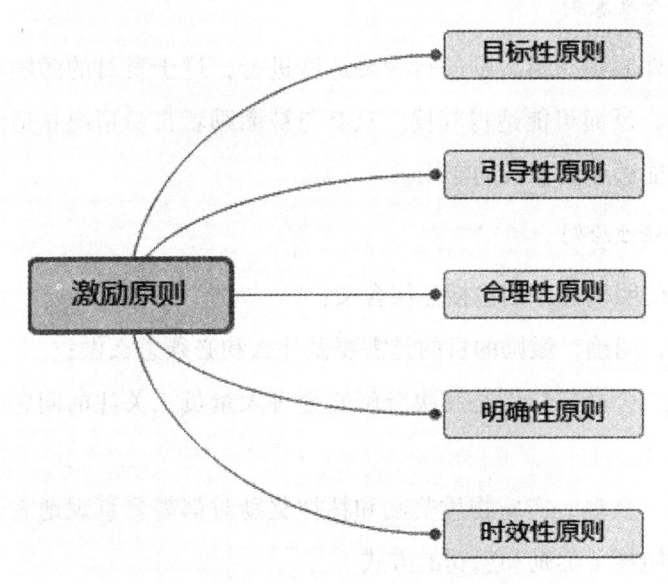

图 4-2　激励原则

1. 目标性原则

目标是成功的"指向标"，是对活动预期结果的主观设想，是在头脑中形成的一种主观意识形态。目标具有多种特性，包括主观性、方向性、现实性、社会性、实践性等。在进行激励活动之前，先要明确激励的目标，有了目标的指引才能够使得激励的作用最大化。目标的设置需要切合实际，同时也需要比客观现状水平更高，留给学生一定的进步空间。

2. 引导性原则

引导性原则，指激励只是一种外在性的活动，无论激励发出者做出何种努力，被激励者也只是被动地接受，他们并没有从内心真正自觉地发出意愿。因此，激励时也需要对受激励者做出适当引导，促使他们内心真正产生相应的内在需求，从而更加积极主动地提升自己。

3. 合理性原则

合理性原则，指激励的行为要适度进行，过于盲目的激励不会起到好的作用，反而可能适得其反。只有与被激励者自身情况相适应的激励方法，才能够起到积极的作用。

4. 明确性原则

激励的明确性原则包括三层含义：

第一，明确，激励的目的是需要做什么和必须怎么做；

第二，公开，特别是解决分配奖金等大量员工关注的问题时，更为重要；

第三，直观，实施物质奖励和精神奖励时都需要直观地表达它们的指标，总结授予奖励和惩罚的方式。

5. 时效性原则

时效性原则，指激励也需要把握一定的时机，如果错过最佳时机，那么原本能够起到积极作用的激励活动反而会事倍功半，正好比"雪中送炭"和"雨后送伞"所产生的效果大相径庭。因此，人们需要找准激励的最佳时机。

二、激励理论视域下的人才培养

在高职院校校企合作的开展过程中，无论是学校方还是企业方，抑或是其他参与者，都应对受教育者（学生）给予充分的激励。充分的激励是帮助学生产生丰沛的内在实践动力的"助燃剂"。

高职院校对学生给予适当的激励，有助于学生在学校期间对理论知识的学习产生兴趣，为将来进入实习岗位打下一定的理论基础，这对于提升实践操作能力具有一定的积极作用。同时，充分的激励也有助于学生养成积极、阳光、乐观、开朗的性格，这能够帮助学生更好地处理人际关系，对于学生的长远发展大有裨益。

　　企业对于学生给予适当的激励，有助于学生在实践培训或顶岗实习的过程中产生充裕的自信心。对于绝大多数学生而言，他们在进入企业实习之前并未实际操作过相关的设备，缺乏相关经验。虽然经过 2 年左右的理论学习，但是这些高职院校的学生多数都缺乏与具体工作的"亲密接触"，无法在较短的时间内转变身份和观念，这就导致许多学生难以快速融入岗位。这时激励的必要性则尤为凸显。如果企业能够对学生进行适当的激励，则能够快速帮助他们树立自信，让他们在实习中不再畏首畏尾，而是敢于实践，这无疑为学生的职业生涯开端带来一定的帮助。

第四节　教育与生产劳动相结合理论

一、教育与生产劳动相结合理论的相关概念

　　教育与生产劳动相结合理论对于当代校企合作人才培养具有重要帮助。该理论是马克思与恩格斯通过对人类发展全过程进行深入分析，结合历史唯物主义而得出的重要结论，因此在一定意义上，教育与生产劳动相结合理论属于马克思主义关于教育的基本原理。马克思就曾在《资本论》中谈及相关的思想，他表示："教育与生产劳动相结合不仅是提高社会生产力的一种方法，而且是造就全面发展人的唯一方法，也是改造现代社会的最强有力的手段之一。"[①]可见，马克思对于该理论有极高的评

---

① 上海师范大学教育系.马克思恩格斯论教育[M].北京：人民教育出版社，1979：159.

价。教育只有和劳动结合，才是真正的教育。事实上，关于教育与劳动相结合的构想在马克思之前已有提及，不过之前的思想家由于缺乏唯物辩证法的指导，其理论体系的科学性与体系性还不够充分，直至马克思主义出现，该种理论则开始完善化。经过发展，教育与生产劳动相结合理论形成了以下三方面的内容：其一，教育过程中必须要注重理论与实践的结合；其二，要在劳动过程中实现人的全面发展；其三，要通过生产劳动，让人们逐渐接触现代化的科学技术。

随着时代发展以及中外马克思主义者的广泛交流，这种理论思想开始传入我国，我国的思想家对其进行了中国式的创新与发展。例如，早在 20 世纪 30 年代，伟大领袖毛泽东同志就曾指出："苏维埃文化教育的总方针在什么地方呢？在于以共产主义的精神来教育广大的劳苦民众，在于使文化教育为革命战争与阶级斗争服务，在于使教育与劳动联系起来，在于使广大中国民众都成为享受文明幸福的人。"[①]可见，教育与生产劳动相结合理论传入我国后，被毛泽东同志进行了深刻研究与发挥，成为十分适合我国国情的重要指导思想之一。

经过多年发展，在即将进入 21 世纪之际，江泽民同志于 1999 年 6 月召开的第三次全国教育工作会议上提出："我们必须全面贯彻党的教育方针，坚持教育为社会主义为人民服务，坚持教育与社会实践相结合，以提高国民素质为根本宗旨，以培养学生的创新精神和实践能力为重点，努力造就有理想、有道德、有文化、有纪律，德育、智育、体育、美育等全面发展的社会主义事业建设者和接班人。"[②]进入社会主义建设的新时代，党和国家领导人习近平总书记清楚认知教育与劳动之间的内在联系，

---

① 宋敏娟.教育与生产劳动相结合的时代内涵及其实现途径[J].毛泽东邓小平理论研究，2019（1）：15-19，107.
② 中华人民共和国教育部，中共中央文献研究室.毛泽东、邓小平、江泽民论教育[M].北京：中央文献出版社，人民教育出版社，北京师范大学出版社，2002：276.

曾多次对劳动教育作出重要论述。在党的十九大报告中，习近平总书记就曾表示"要建设知识型、技能型、创新型劳动者大军，弘扬劳模精神和工匠精神，营造劳动光荣的社会风尚和精益求精的敬业风气。"2018年9月10日，习近平总书记在全国教育大会上提出要把劳动教育纳入社会主义建设者和接班人的总体要求之中。

总之，教育与生产劳动相结合理论自19世纪产生以来，经过历代学者的发展与丰富，又经过我国历代领导人的阐述与创新，在社会主义现代化的今天，已经有了十分丰富和充实的内涵。在我国的校企合作人才培养过程中，需要以教育与生产劳动相结合作为理论支撑，只有这样才能够打造出一批批具有较高文化素质与精湛实践能力的新时代应用型人才。

二、教育与生产劳动相结合理论视域下的人才培养

以教育与生产劳动相结合理论指导人才培养，需要从以下三方面来着手构建。

首先，要坚决贯彻落实习近平总书记有关教育工作的重要论述。在教育改革不断深化的今天，职业教育的时代意义已经愈发凸显出来，我们必须要比以往任何时候都更加重视职业教育，将其摆放在与普通高等教育同等重要的位置。教育事业的管理者要不断提高思想政治觉悟，全面领会习近平总书记关于教育与生产劳动相结合的理论论述，主动为实践型人才的培养出一份力。地方性教育有关部门要针对当地经济发展与职业教育实际情况，主动推进校企合作建设，结合当地职业院校的办学定位，针对性开展师资队伍建设，大力培养企业与社会需要的劳动者，实现互利共赢。

其次，要巧妙利用社会力量，全面开展校企合作人才培养。实践应用型人才的培养活动并非"孤军奋战"，而是需要巧妙的协同协作与密

切配合，这就要求学校、社会、企业形成密切的关系网络，本着互惠共赢的原则实现更宽领域、更高层次的协作性人才培养。例如，学校可以派出具有丰富教学经验的教授担任企业的兼职总工程师，企业也可以派出优秀的专业人才，从而助力学校的实践课程开发。总之，各方要努力构建教育培训网络，互相依托、共商共建，形成学校企业"同台唱戏"的良好局面，以促进校企合作不断开展研发。

最后，要实现教育与现实社会的有机结合，让理论课程与现实相联系，从而打造出一批具有时代特性的专业群体。例如，在高职教育期间，让学生的日常教学与今后的就业挂钩，让他们参与具体的科研项目，进入企业亲身体验，充分参加社会实践活动，等等。上述活动能够逐步提升高职院校人才培养理论与实践融合的程度。

第五节　建构主义理论

一、建构主义理论的相关概念

建构主义理论是校企合作模式发展与创新的重要理论基础和保障，在研究该理论促进校企合作的具体方案之前，需要先对其本身的相关概念进行简述与解析。

（一）建构主义简介

建构主义是一种关于知识和学习的理论体系，着重强调学习者（受教育者）自身的主观能动性。学习者认为学习"是自己的事"，想要有效提升自身的成绩，必须要发自内心地认识学习的重要性，并且对其产生一定的内在驱动力。总之，建构主义认为学习是学习者基于原有的知识经验生成意义、建构理解的一种过程，该过程往往在社会文化的交流活动中完成。

　　关于建构主义的起源，我们需要将问题追溯至让·皮亚杰（Jean Piaget）。皮亚杰是近代最有名的儿童心理学家，他的认知发展理论成了这个学科的典范。皮亚杰一生留给后人60多本专著、500多篇论文。他曾到过许多国家讲学，获得几十个名誉博士、荣誉教授和荣誉科学院士的称号。在皮亚杰诸多理论中，建构主义无疑是重要的组成部分之一。皮亚杰认为，儿童是在与周围环境不断接触与相互作用的过程中，逐渐建构起对于外界的认知体系的，从而逐渐促进其自身各项能力的提升，以及认知体系的完善。此外，著名哲学家杜威对于建构主义理论也作出了比较卓著的贡献。建构主义经过发展，形成了三种主要的基本观点：第一，知识不是被动接受，而是受教育者在学习与受教育的过程中依靠其内在驱动力主动追求的，只是被动接受而缺乏主动追求，则无法实现知识的高效获取，更难以实现自身能力的快速提升；第二，知识是个体经验的具体化，个体通过自身所获得的经验来主动构造、打造自己的知识体系；第三，知识是和他人经过长期磨合、交流、沟通之后而形成的一致性的社会建构。在以上三个重要观点的基础之上，建构主义在教育领域进行深入的渗透，并产生重要影响，在教学实践中形成以下视角：第一，学习是一种学习者主动建构内部结构性的知识和非结构性的经验背景知识的活动；第二，学习是一个长期的过程，该过程包含个体对于新信息意义建构同化过程，同时也包括对原有经验的改造与重组顺应过程；第三，知识本是客观的，但是由于不同个体的差异性，其自身对于知识的理解、阐述、深化都有所不同。以上内容所表达的最根本的内容即知识不是通过教师传授而获得的，而是学习者通过自身的"建构"所获得的。因此，在教学活动中，"教"的地位低于"学"，学习者自身的学习活动才是建构知识大厦的关键环节，而教师的教学实践只是辅助，从而更好地帮助学生进行知识建构。

通过前文对建构主义进行分析可得知，建构主义的理论体系中有两个重要因素深刻影响学生对于知识的获取情况，分别为学生的主动性和学生获取知识的环境。"高校是培养学生的重要场所，学生是在校园环境中通过课程教学、实践教学等环节完成知识的建构。企业是部分学生未来的工作场所，如果能把企业整合进来，让学生能在企业环境中进行知识的建构，特别有助于学生知识体系的优化，有助于学生对理论知识体系的进一步理解，有助于学生职业技能的具体化。"①

（二）建构主义的学习方法

在建构主义视域下，学生的学习方法具有特殊的要求。学生的学习过程必须在教师的指导下进行，并且时刻以学习者为中心。在某种意义上，这种学习方法是一种双元的方式，既要强调学习者自身的认知作用，同时又要兼顾教师的正确指导，对学生进行正确的辅助，起到有效的促进作用。总之，建构主义视域下的学习不是知识的"硬性灌输"，而是让学生作为知识的加工者和建构者，占据一定的"主动权"，充分发挥主观能动性。

在具体的学习过程中，学生可以运用以下方法：

第一，巧妙运用探索法和发现法，以探索的眼光和视角进行分析和钻研，逐步去建构知识的内在意义。

第二，要主动去搜集和分析与知识相关的信息、资料，将其作为充实自身知识素养的重要参考和依据，同时还要抱有一定的怀疑态度，要敢于对所学习问题中的部分内容提出假设，并且通过实践去加以验证。

第三，要把当前学习内容所反映的事物尽量和自己已经知道的事物

---

① 龚艾蒂.校企合作视域下空乘人才培养研究[M].昆明：云南人民出版社，2020：5.

相联系，并对这种联系加以认真地思考。"联系"与"思考"是构建的关键。如果能把联系与思考的过程与协作学习中的协商过程（即交流、讨论的过程）结合起来，则学习者建构意义的效率会更高、质量会更好。

（三）建构主义的教学原则

建构主义的教学原则主要包括以下方面。

第一，把所有的学习任务都置于为了能够更有效地适应世界的学习中。

第二，教学目标应该与学生的学习环境中的目标相符合，教师确定的问题应该使学生感到就是他们本人的问题。

第三，设计真实的任务。真实的活动是学习环境的重要的特征。设计真实的任务就是应该在课堂教学中使用真实的任务和日常的活动或实践整合多重内容或技能。

第四，设计能够反映学生在学习结束后就从事有效行动的复杂环境。

第五，给予学生解决问题的自主权。教师应该刺激学生的思维，促使他们自己解决问题。

第六，设计支持和激发学生思维的学习环境。

第七，鼓励学生在社会背景中检测自己的观点。

第八，支持学生对所学内容与学习过程进行反思，发展学生的自我控制技能，使之成为独立的学习者。

二、建构主义视域下的人才培养

建构主义学习理论对于高职院校应用型人才培养具有重要的现实意义。如今社会对于应用型人才表现出强烈的呼唤，各行各业都急需他们进入相应岗位，从而帮助该行业在社会领域取得更加长足的发展。总的来看，建构主义对于高职院校人才培养具有如下启发与借鉴。

第一，高职院校与合作企业都应当着重激发学生对知识构建的潜能，帮助学生充分深入理解相关知识，并且将学生所学到的职业素养与职业经验作为其获取新知识、新体会的关键环节，从而正确引导学生在今后的专业实践中对相关问题进行摸索与探索，促进他们实践能力的不断提升。

第二，高职院校与合作企业共同建立完善化的实训基地，为参与实践的学生群体提供比较科学合理的实习场所。在实习中，要让学生真切感受到高度模拟仿真的工作情境，从而有效刺激他们进行更加高效的学习与实践，通过这些活动来不断积累自身关于行业和具体岗位的实践经验。这些措施通过长期实践，能够极大地促进学生对于行业、企业、岗位发展现状与发展趋势的认识与理解。

第六节　利益相关者理论

一、利益相关者理论的相关概念

利益相关者理论是校企合作合理有序开展的重要理论基石。高校与企业本分属于不同的行业，二者之间的合作必然要建立在各自的利益之上，因此利益相关者理论是其根基。

1959年，潘罗斯撰写并出版《企业成长理论》，在该书中首次出现"利益相关者"的字眼，潘罗斯被认为是企业利益相关者理论的先驱。因此我们一般认为利益相关者理论起源于这一时期。初期，"利益相关者"只是一个单纯的经济学和管理学的词汇。许多西方学者对该理论进行了深入研究，并于 20 世纪 60 年代开始出现多种定义。例如，1965 年，经济学家安索夫在其著作《公司战略》中表示："要制定理想的企业目标，必须综合平衡考虑企业的诸多利益相关者之间相互冲突的索求权，包括管理人员、工人、股东、供应商以及顾客。"弗里曼在其著作《战略管理——利益相关者方法》中运用许多相关术语，极大地丰富了利益相关者理论体系。

20 世纪 70 年代，伴随社会企业的飞速发展，越来越多的学者对经济相关者理论进行全新的阐述。例如，经济学家蒂尔表示："我们原本只是认为利益相关者的观点会作为外因影响公司的战略决策和管理过程，但变化已经表明我们今天正从利益相关者影响迈向利益相关者参与。"总之，随着市场环境的发展与学者研究的深入，利益相关者理论所包含的内容愈发丰富，其产生的影响也越来越大。

关于利益相关者理论具有代表性的观点如表 4-1 所示。

表 4-1　利益相关者理论的代表性观点[①]

发展阶段	部分学者关于利益相关者理论的观点	
初创期 20 世纪 60、70 年代	安索夫	企业的诸多利益相关者可能包括管理人员、工人、股东、供应商以及顾客
	蒂尔	我们原本只是认为利益相关者的观点会作为外因影响公司的战略决策和管理过程，但变化已经表明我们正从利益相关者影响迈向利益相关者参与
发展期 20 世纪 80 至 90 年代初	弗里曼	利益相关者包括能够影响企业目标实现，或者被企业实现目标过程影响的任何个人和群体
	克拉克逊	企业是由利益相关者组成的系统，它与给企业活动提供法律和市场基础的社会大系统一起运作

---

① 常大伟. 国家治理现代化视阈下我国档案治理能力建设研究 [M]. 武汉：武汉大学出版社，2020：54.

续　表

发展阶段	部分学者关于利益相关者理论的观点	
深化期 20 世纪 90 年代中期后	威勒	从社会性和紧密性两个维度对利益相关者进行界定
	米切尔	在研究利益相关者理论研究历史的基础上，提出了一种评分法以界定利益相关者

关于利益相关者的定义，学术界一般有狭义与广义两种类型。

狭义的利益相关者指利益相关者是与企业有直接关系或占有重要位置的人或群体，包括股东、员工、客户、供应商、重要的政府机关和社会团体、相关的金融机构等，更加强调企业的立场。

广义的利益相关者指能够影响企业或被企业影响的人或群体，其中包括有利于企业价值实现的利益相关者，也包括不利于企业价值实现的利益相关者，如股东、员工、客户、供应商、政府机构、业界团体、竞争对手、公益团体、抗议群体等。

二、利益相关者视域下的人才培养

利益相关者理论虽然产生于经济学和管理学领域，但是其具有很强的普适性，在许多行业领域都可以得到印证，并且起到一定的积极作用。其中，利益相关者理论在教育领域就有广泛的运用与实践。例如，胡赤弟曾发表有利益相关者理论有关的论文，对该理论的相关内容作出比较明晰的论述。除此之外，国内多名学者也对利益相关者有一定研究，如金银凤、钟洪、李福华等人。本书认为，利益相关者对于校企合作育人具有很重要的借鉴意义。可以通过对校企合作事业参与者的成分进行划分与分析，找到不同参与者的利益构成与利益导向，从而进一步促进校企合作优化与发展。

在校企合作人才培养的过程中，政府、学校、企业、学生、家庭等要素同属于利益相关者理论的范畴之中。进行细化区分，可将他们大致分为两个部分，分别为核心利益相关者和外层利益相关者。利益相关者的构成如图 4-3 所示。

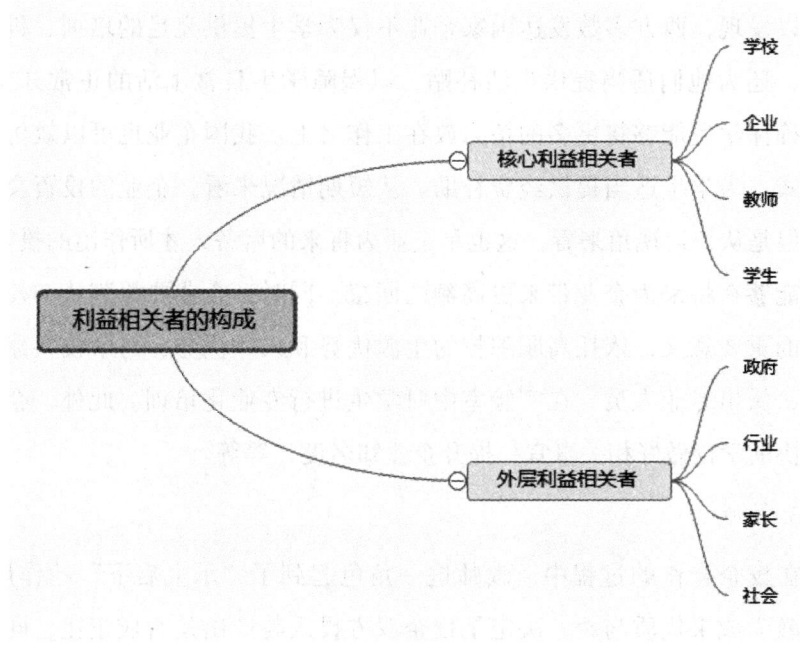

图 4-3 利益相关者的构成

（一）核心利益相关者

核心利益相关者主要包括学校、企业、教师、学生。学校是进行高职教育的主要场所，也是校企合作的主体之一。

1. 学校

高职院校需要重视专业体系的构建与核心课程体系完善等具体工作，以利益相关者理论引导和调整学校的教育教学理念，如成立相关的研究委员会，让行业专家与学科教授共同参与其中，准确把握人才培养方向与行业定位，不断提高人才培养的质量。同时，要推动校企合作内涵式发展，实现校企双方在实训、科研、开发等多领域的利益共享。

2. 企业

企业同样是校企合作利益相关者之一。通过调查国外校企合作的案例可以发现，西方多数发达国家企业不仅为学生提供充足的培训、科研经费，还为他们适当提供生活补贴，以保障学生日常生活的正常开支，从而确保学生能够将更多的精力放在工作之上。我国企业也可以效仿该种方式，为学生适当提供经费补助。从短期情况来看，企业的投资会提高，但是从长远视角来看，这也是企业为将来的后备人才所作出的投资，往往能够在将来为企业带来更高额的回报。同时，企业要深刻认知校企合作的重要意义，依托高职院校的生源优势和人才优势，与学校共建实验室，派出专业人员，在实验室中对学生进行专业化培训。此外，企业还应协助学校做好相关事宜，提升企业知名度，等等。

3. 教师

在校企合作的过程中，教师这一角色起到了"承上启下"的作用。教师教学成果优质与否，决定了校企双方投入与产出是否成正比，同时也决定了学生在学习过程中的积极性与主动性。教师全身心投入教学设计，根据学生的实际情况制定科学化合理化的教学方案，并按照计划贯彻落实，这对于学生的上岗实习与未来就业都有所帮助，进而能够提升校企合作的质量；假如教师职业素养不够充分，职业道德也不强，那么很可能会忽视职业教育，这不仅难以促进学生职业能力的提升，还会使学校与企业的高额投入收效甚微。因此，教师也是利益相关者体系之中的重要一环，对于学校、企业、学生的未来发展和走向都将起到重要的影响作用。

4. 学生

学生在校企合作中具有双重身份，其双重身份是由学校和企业的双重视角所决定的，不同的视角下学生的身份自然也就有所不同。在企业的视角下，学生进入企业实习、顶岗，就意味着学生成为企业的一分子，所以学生就是企业具体部门的员工；而在学校的视角下，他们仍然具备学生的身份属性，其实习只是暂时的。无论是学生还是员工，企业实习期间，学生都属于利益相关者的组成要素之一，他们的实践活动必然要以提高自主学习能力、培养独立思考能力作为主要目标，要更快速地完成心态的转变，为将来的就业与发展打下基础。

（二）外层利益相关者

外层利益相关者主要包括政府、行业、家长、社会等方面，这几方面虽然并未直接参与校企合作，但是从其他层面对于校企合作有一定的影响，因此可视为外层利益相关者。

1. 政府

校企合作开展、深化、创新所依据和遵循的政策法规均是由政府所制定的，一切校企合作的具体活动都需要严格按照政府的要求来实现，这说明，政府在宏观层面主导和调控着校企合作这项事业，政府对于校企合作有决定性的影响。因此，利益相关者理论中必然有政府的"席位"。具体来说，政府可以在税收、信贷、技术申报、科技成果转化等多方面立法，同时，政府也为高职教育的发展指明方向。也只有在政府的积极引导和规划之下，才能够实现校企合作进程的稳步健康发展。

2. 行业

校企合作要求学生进入企业，而不同企业都各属于不同的行业，因此，行业内部对于校企合作也有一定的影响。例如，当行业的"风向"发生变化，企业的发展规划也会随之变化，那么学生的实习规划与具体操作都会有所转变。又如，行业如果遇到危机，很可能会导致某些企业实行紧缩式的发展策略，这可能会导致企业暂停校企合作。总之，行业的影响力也是巨大的，良好的行业发展前景能够为校企合作铺平长远有效的发展路线。

3. 家长

家长是学生的监护人，高职院校的学生绝大多数都是年龄在 18 岁左右，虽然有些学生已经成年，但是他们的心理年龄仍然处于发展之中，三观尚未完全形成。在日常生活中，多数家长都具有"望子成龙、望女成凤"的愿望，他们尤为关注孩子的学生成绩与工作能力，希望孩子能够在毕业之后顺利进入适合自己的岗位。因此，家长也属于校企合作的利益相关者，他们虽然并未直接参与校企合作，但是对校企合作的受教育者（学生）起到十分重要的影响作用。

4. 社会

社会公众和媒体也是高职院校校企合作的利益相关者之一。近年来，高职院校凭借自身的办学特色和优势，在人才培养、专业建设、科学研究、社会服务、校园文化建设等方面逐渐得到了社会各方的认可。

社会公众和媒体要营造崇尚科技创新的社会气和氛围，大力宣传高职教育的办学成果，同时对校企合作的办学情况和合作中的各个环节进行监督，对一些违反社会道德和侵犯权益的事例予以曝光，为全民支持高职院校校企合作创造良好的条件。

总之，高职院校校企合作需要以利益相关者理论作为根基和基础，在具体的执行过程中，也要严格遵循相关理论，只有这样才能够对其中各参与者进行恰如其分的分析，并以此找到最适宜的校企合作发展路线。

第五章　产教融合理念下校企合作人才培养创新实践

第一节 政府层面

一、把握校企发展动向

校企合作人才培养模式自20世纪在我国产生以来，一直处于稳定的发展趋势。在这漫长的发展历程中，我国校企合作从无到有、从萌芽到发展、从发展到繁荣，如今已经成为高职院校人才培养的重要方向。这不仅是当代职业教育的发展走向，更是当代社会对于技术型人才的强烈呼唤。在校企合作的具体实践中，除了包含"校""企"双主体之外，政府的参与亦是十分重要的。虽然政府不直接参与校企合作的教育教学，但是政府的一举一动却在宏观层面深刻影响着校企合作的发展走向。因此，推动产教融合理念下校企合作人才培养创新，就需要政府为之做出一定的努力与改变，以促进我国高职教育不断发展、不断创新，培养大批优秀人才进入与其专业相对应的工作岗位。

政府要做的便是把握校企发展动向。教育不仅是单纯的教育事业，更是处于社会这一大环境之中的产物，其发展与演变深受社会环境的影响，无论是国内的社会环境还是国外的整体环境均是如此。所以，政府要在宏观层面进行深入考察、调研，把握校企合作发展动向，只有在符合时下校企合作发展趋势的前提下，才能够制定出极具时代性、实践性、可行性的政策方略，以促进校企合作逐步深入。事实上，近年政府在校企合作领域已出台多项相关政策，为校企合作的改革与发展保驾护航。

在未来的发展中，政府应继续时刻把握校企合作发展动向，根据高职教育发展的实际情况，制定切合实际的方针方案。

首先，政府要对校企合作事业的发展提起高度关注。校企合作虽然只是职业教育中的一部分，但是由于当代社会对于技术型人才的需求日渐增加，而校企合作能够有效提升学生群体的实践能力与创新能力，这与时代的需求一致，因此校企合作在职业教育中所占据的"席位"胜于往昔。各级政府需要在宏观层面对当下的高职教育发展情况进行总结与分析，从中提取有助于判断未来教育事业发展的关键要素，将其作为制定相关政策的重要参考与借鉴。例如，政府工作人员通过互联网技术对目前的校企合作相关数据进行广泛搜集与整理，从中找到校企合作发展规律，并判断未来走势；找到发展过程中的优势点与劣势点，并针对这些方面进行针对性的研判。

其次，政府要专门成立校企合作相关的委员会。委员会中的成员由政府工作人员、教育领域专家学者、行业协会工作人员共同构成。委员会的基本任务包括定期考察调研各地区校企合作的发展情况，与学校和企业领导者共同商讨未来的高职教育发展规划等。在商议交流的过程中，政府工作人员既可以吸收来自校企双方的意见和建议，也可以根据未来的发展目标对校企双方提出战略构想。通过这种密切配合与交流沟通，政府能够实时掌握校企合作事业的"一举一动"，如此一来，政府便可以更好地把握校企合作的发展动向，以便今后制定相关政策法规。

再次，政府不仅要与校企双方时常开展交流活动，同时还要派专门人员实地考察。实地考察有助于政府准确把握校企合作发展情况。这是因为，如果只是通过互联网或座谈会的形式获取信息难免会出现信息上报不及时、信息上报有误差等情况，而政府工作人员实地考察则具有更高的可信度。例如，政府工作人员定期或不定期到高职院校，跟随院校实践管理部门负责人参观了解实训基地，探寻校内实训或校外实训的真实情况，甚至还可以亲自与学生群体深入交流，从而获取学生对于校企合作的真实想法，只有这样才能够更准确地把握校企合作的真实发展情况。

最后，政府要与学校和企业的信息技术部门建立广泛联系。如今社会已经进入信息时代，各项信息的交流都已经可以在互联网上进行。在学校中，无论是学校的基本信息，还是日常教学信息，抑或是校企合作实践的相关讯息都可以在互联网上实时查询。政府技术部门可以与之建立广泛联系，通过网络平台实现信息的交互。例如，技术人员建立专供政府与校企联系的内部网络平台，这样既有利于政府快速获取校企合作的相关讯息，又有利于校企及时向政府上传请示，以便之后的实践教学活动转型发展。

二、出台相关法律法规

政府是一切具体实践活动的"先导"和"准绳"，无论校企合作以怎样的形式展开，也无论校企合作将来的转型趋势朝向何方，其根本的遵循与原则是始终不可违背的，那就是要始终按照政府出台的法律法规来开展。因此，政府的政策支持对于校企合作发展具有重要的约束作用与导向作用。所以落实并推动校企合作发展必须要从完善的法律法规着手。

事实上，国外部分发达国家校企合作的成功案例都已经表明，政府的支持与引导是校企合作事业顺利推进和开展实施的先决条件。例如，"德国政府颁布了《联邦职业教育法》，并承认'双元制'职业教育专业目录。国家承认的职业教育专业覆盖社会职业，得到公众认可和支持。英国政府发布白皮书鼓励学生贷款学习深造，推动教育公平性提升，让更多学子得以利用政府财政支持制订合理学习计划。美国极具特色的社区学院是由政府出面成立的公立性质的办学机构，这为毕业生就业以及在职人员提升技术水平或者转行发展其他职业技能都起到积极作用。日本政府在职业教育学校和企业之间的合作上投入了大量资金，搭建校企合作平台并出台了'协调者'制度，为校企合作提供法律支援"①。纵观我国近年的校企合作发展历程，政府已经为之做出了诸多努力，并促进校企合作有了翻天覆地的变化。2018 年教育部、国家发展改革委、工业和信息化部、财政部、人力资源社会保障部、国家税务总局等部门联合印发《职业学校校企合作促进办法》（以下简称《办法》），《办法》规定了校企合作组织形式、主体资质、合作形式、各方权责、协议内容、过程管理等内容，明确了职业学校和企业可以结合实际在人才培养、技术创新、就业创业、社会服务、文化传承等方面，开展 7 种形式合作，提出了政府和社会资本合作、购买服务、落实财税用地、职业教育集团以及支持产教融合型企业试点、促进教师和企业人员双向流动、保护学生权益、建设服务体系等具体措施，规定了教育和相关部门的监督检查职责和违法行为的惩处机制等内容。《办法》同时规定，职业学校应当将参与校企合作作为教师业绩考核的内容，具有相关企业或生产经营管理一线工作经历的专业教师在评聘和晋升职务（职称）、评优表彰等方面，同等条件下优先对待。职业学校及教师、学生拥有知识产权的技术开发、产品设计等成果，可依法依规在企业作价入股。职业学校和企业对合作开发的专利及产品，根据双方协议，享有使用、处置和收益管理的自主权。

2022 年 5 月 1 日，新修订的《中华人民共和国职业教育法》开始实施，这是该法颁布 26 年来的首次修订。经过多次改革与发展，如今的《中华人民共和国职业教育法》在许多方面有了卓著的创新，更加符合我

---

① 颜彦.校企合作人才培养机制对企业发展影响的研究 [D].济南：山东大学，2020：94.

国现阶段的教育情况。在教育部门的倡导和项目推动下，学校层面的校企合作总体上在持续推进，在可以预见的未来，国家相关部门必将继续加大操作性强的政策供给力度，促进国家法律、中央意见更好地落实落地，大幅推进职业教育产教融合、校企合作。关于未来的高职院校校企合作人才培养模式，政府还应进一步做好政策支持，为之构建强有力的政策保障。

首先，校企合作人才培养相关的法律法规应当涉及该项事业的各个领域。事实上校企合作并非单纯地让学生"进厂打工"，而是包含十分复杂的活动体系。单就校企合作的类型和模式来说就有若干种，因此与之相对应的政策要求也应更加丰富。例如，政策法规需要涉及管理体制、办学体制、职业教育与其他教育类型的沟通、教育制度、监督和评估制度、职业培训制度、资格证书制度，等等。所以法律法规的制定需要政府工作人员进行全面考量。

其次，校企合作人才培养相关的法律法规应当符合不同区域的特点。我国疆域辽阔、民族众多，不同的地区具有不同的文化底蕴，而在不同文化底蕴的熏陶和影响之下，不同地区的院校也具有不同的文化特点。同时，与文化特性相对应，不同区域的企业也彰显出不同的文化特征。因此，校企合作人才培养也具有文化的差异性。例如，我国西北地区为少数民族较多的区域，在青海省、甘肃省、宁夏回族自治区等地区有许多来自不同民族的同胞，他们所在的学校也多为民族性院校。同时，当地的企业文化也多以当地特色为主流，所以以上地区校企合作就会有明显的地域性的特点，无论是教学方式还是培训实践都会与其他地区有所不同。又如，我国东部沿海地区经济发达，开放性较强，与外来文化接触十分密切，当地院校和企业普遍更加重视交流、开放、融合。因此，政府制定关于校企合作的法律法规要具有一定的特殊性和区域性，要紧密结合当地的实际情况，只有这样才能促使当地高职院校与企业的合作更加顺利。

再次，校企合作人才培养相关的法律法规应随实际情况进行及时调整。与时俱进、勇于创新是我国多年发展过程中始终遵循和践行的重要准则。按照马克思主义辩证法的观点来看，任何事物都处于永恒的变化之中，运动是事物的根本性质，而静止只是相对的。因此，在社会主义现代化建设的进程中，社会也是时刻变化的集合体，我们制定的相关政策也应当适时调整，只有这样才能时刻顺应时代发展的潮流。各级政府工作人员要进一步认清校企合作事业的发展形势，审时度势，随教育理念、企业动态、行业要求等内容的变化而调整相关政策法规，以促进校企合作人才培养不断发展。

最后，校企合作人才培养相关的法律法规要建立在切实可行的基础之上。制定法律法规的根本目的是促进相关领域的健康发展，如果法律法规仅仅停留在书面上，那么只是空中楼阁，则无法对现实社会的发展带来实用性的帮助。只有各级政府始终遵循实事求是、理论联系实际的工作方针，保证法律法规始终贴合现实，从实际出发，法律法规才能发挥出其应有的作用。因此，政府部门需要深入调研、实地考察，对校企合作的实际情况全面把握，以确保法律法规制定之时具有准确可靠的参考。同时，还要对相关的政策进行试行。如果在试行阶段能够取得预期效果，则意味着该政策具有很强的现实可行性；假如仅在试行阶段便遇到了现实性的阻碍，那么则需要进行适当调整。

三、提供充足资金保障

在校企合作人才培养过程中，政府除了起到规范作用和导向作用之外，还可对校企双方起到推动作用，而推动作用是通过强有力的资金保障来体现的。21世纪以来，我国对高校校企合作的财政支持政策，具体体现在财政扶持、资金捐赠、税收优惠、资金奖励等方面，与之相关的政策主要有《中华人民共和国高等教育法》《中华人民共和国职业教育法》等。这都表示我国政府已经开始关注教育的资金支持，希望通过更加充裕的资金支持提升教学质量。总的来看，政府已经在教育领域提供了一定的资金支持，如 2004 年《财政部、国家税务总局关于教育税收政策的通知》就对此有明确规定，要求对企业资助用于教学和技能训练活动的资金和设备费用，纳税人通过中国境内非营利的社会团体、国家机关向教育事业的捐赠，准予在企业所得税和个人所得税前全额扣除。

　　然而，在国内庞大的教育体系之中，也难免有些地区尚未对校企合作教育提供资金支持，这导致当地的校企合作发展受限。例如，"有些地方政府较为急功近利，注重短期政绩、面子工程，倾向于能快速带来回报的经济投资。校企合作虽然是获得优质人力资源的良好途径，但其投资收益缓慢，短时间看不出政绩，这样校企合作的投资就容易被削弱。一旦财政支持力度不足，高校无足够的经费投入，企业得不到必要的成本补偿，校企合作工作也就难以落实"①。因此，针对我国校企合作方面财政支持的现状与不足，应根据我国目前的财政情况，适当制定全新的相关财政政策。各级政府需要转变观念，调整固有对于校企合作的财政政策，为校企合作的规模化、现代化发展提供更加充足的资金保障。

　　首先，要通过法律法规明确并细化政府对于企业的税收优惠政策。税收是政府获取财政经费的主要渠道之一，合理的税收不仅有助于政府获得充裕的经费，以便大力发展各项事业，同时也有利于拉动内需，激活消费潜力，对于社会经济发展具有长远的意义。但是由于我国疆域辽阔，不同区域的经济发展情况存在明显的差异，不同的行业特性也各不相同，所以税收政策也不应一概而论，在不同的时期，针对不同的具体行业也应适当对税收政策进行调整。针对高职院校校企合作这一特殊的

---

① 许淑慧.校企合作中政府支持的研究 [J].高教学刊，2016（9）：59-60.

教学过程，政府应适当进行税收方面的调整。这是因为校企合作既属于教学活动又属于商业活动，属于教学活动和商业活动的"综合体"，各级政府需要结合当地的具体情况颁布相关法律，对企业进行税收减免，并且根据企业和学校的具体合作形式，来确定减免的额度。例如，教育部、人力资源和社会保障部、财政部、国家发展和改革委员会等相关部门可以共同组成一个"校企合作委员会"，委员会根据不同区域的实际情况制定相关政策，确定对于企业的税收优惠政策，主要包括免税或奖金等。这样一来，不仅有利于改善学校与企业在联合过程中的困难和阻力，还有利于调动企业与学校合作搭建培训平台的积极性。

其次，要努力强化财政激励政策。"世界已经进入科技化的竞争阶段，我国对教育的投入也相应地随之增加。与此同时，在财政方面也应给予校企合作企业与学校更多的激励。政府应尽可能拓宽向参与校企合作的企业提供财政支持的渠道。企业只有能够有机会得到实质性的合作收益，才会主动积极地为学校提供合适的实习实践基地。"[1]例如，政府可以专门成立校企合作经费使用情况调研小组，评判不同地区校企合作是否需要资金支持。如果校企合作资金欠缺，可以为之设立财政专项拨款，以促进其发展。"比如说采取教育券的方式，或者通过相应的税收减免，来鼓励企业接收实习学生。在银行贷款、项目承接等活动中，国家也应给予此类企业一定的政策优惠，努力做到不让学生实习成本成为学校和企业的负担，以培养更多优秀的人才。"[2]

再次，启动校企合作财政专项资金计划。专项资金是政府下拨专门用途的资金，这种资金一般都需要单独核算、专款专用，并且需要工作人员单独报账。相较于其他财政支出来说，这种资金具有更强的特殊性

---

[1] 赵涛，马焕灵.实施财政支持政策 促进高校校企合作[J].中国高等教育，2012（20）：58-60.
[2] 同上.

和指向性，只能应用于政府所规定的领域。通过之前校企合作资金使用的案例分析可知，部分校企曾出现资金使用不规范的情况，这显然不利于校企合作人才培养，导致部分资金流入私人的腰包。而专项资金有专人进行监管，款项下发之后，必须要确保用于既定领域，否则将会面临严重的后果。同时，还需要有专门人员对款项的使用过程进行跟踪，确保专款全部应用于校企合作的建设领域。

最后，要帮助校企合作畅通资金流通渠道。企业在运转的过程中，无法避免与其他企业或银行发生联系，如借贷、商贸往来等情况。但是目前金融领域的各项规定较为烦琐，在某些情况下，企业难以顺利申请贷款，有时也难以与其他企业建立长期的贸易往来关系，这就导致企业缺乏资金，无法顺利开展校企合作。政府除了可以直接为企业提供资金扶持之外，也可以通过间接渠道对企业进行扶持，即帮助企业畅通金融业务，帮助其适当减少贷款审批步骤，让企业能够尽快使现有资金流动起来，从而保障校企合作的稳定开展与良好秩序。

四、构建积极社会环境

高职教育既是职业教育的组成部分，又是高等教育的组成部分，具有许多其他教育类型不具备的特性。高职教育在我国的教育领域扮演着十分重要的角色，通过科学合理的高职教育，能够培养出一批具有一定的文化素质，且具有较强动手能力与创新能力的实践应用型人才。自20世纪高职教育开始发展以来，我国的高职教育体系不断发展、不断完善，如今已经成为我国高等教育事业中不可或缺的重要一环。

目前，人们对于高职教育的看法已经发生了明显改观。一方面，伴随学术型人才愈发增多，社会对于技术型人才的呼声也越来越大，对于许多岗位而言，技术型人才在某种意义上比学术型人才更加重要，他们或将成为行业发展的中流砥柱；另一方面，受到西方部分国家的影响，如德国、法国等，人们对于高职教育的歧视态度有了明显改善。总之，如今人们对待高职学生的态度已经大幅转变，这意味着高职学生与以往相比有着更加广阔的发展前景。需要注意的是，虽然从宏观层面来看，国内的高职教育有了明显的起色，校企合作事业亦是迅猛发展，甚至许多高职院校已经开始与海外的企业接轨，实现跨国培训与学术交流，但是，社会中仍然存在"高职教育无用论"的论调，一些人认为高职教育是"差生"所接受的教育，这对于拓宽校企合作领域无疑起到明显的阻碍作用。因此，政府应协同有关部门加大整治力度，努力构建积极的社会环境，让学生在更加积极的社会氛围中接受教育。

应加强宏观调控，协同有关部门共同扭转社会风气，构建有利于高职院校校企合作稳步推进的社会环境。例如，有关部门可通过互联网来对当代高职教育校企合作进行广泛宣传。如今我们已然进入信息化时代，信息的沟通与交流变得更加高效便捷，人们只需要轻点手指，就能够利用移动终端获取信息和发布消息。因此，有关部门可在互联网平台开通门户网站，在网站中发布有与高职教育相关的信息，以引起社会群体对于高职教育的热情关注，包括"高职毕业生数量逐年增加""高职毕业生就业前景向好""高职院校校企合作的实践成果"等。又如，有关部门可以通过开展与高职教育相关的各项社会活动，加深群众对于高职教育的了解程度，转变人们的固有观念，为高职教育校企合作人才培养创设更加有利的社会环境。

五、完善市场监管体系

市场监管，指对市场和市场规则的监管。市场监管不是对某一行业、某一具体市场、某一区域的管理，而是具有普遍性的监督管理。校企合作不仅是一种人才培养的重要途径与方式，而且与行业的发展紧密挂钩。因此，完善市场监管体系尤为重要，在完善化的监管体系中，各行业才能够获得长足稳定的发展。可见市场监管对于行业发展具有举足轻重的作用。市场监管需要遵循特定的原则，在既定原则的规定下才能够确保监管活动取得应有的成效，主要原则包括公开原则、公平原则、公正原则。公开原则的核心要求是实现市场信息的公开化；公平原则要求市场参与者都有平等的法律地位，各自的合法权益能够得到公平的保护；公正原则要求面对各类事宜，有关部门都能够公正处理。总之，建立公开、公平、公正的市场环境，是保证所有的市场参与者都能按照市场经济正常运行的原则获取报酬的保障。高职教育校企合作人才培养也需要遵循相应的原则，而这一切都需要有关部门对市场监管体系进行完善，只有在科学化、完善化的体系之内，校企合作活动才能够不断深化推进。然而，目前市场领域仍然存在市场监管不牢靠的情况，这成为限制校企合作发展的重大阻碍。因此，政府需要加强宏观调控，敦促有关部门明确自身权责义务，逐渐完善市场监管体系，为高职院校校企合作的发展构建更加良好的社会环境。

首先，要完善市场监督管理制度，一切市场行为都要在监督管理制度的要求与约束下进行，任何违反相关制度的行为都应受到严格禁止。各级政府要派出调查专员，深入调查当地市场监督管理的执行情况，对于管理上的疏漏要严加巡察，并且委任专门负责人员对其进行整改。在整改市场监督管理制度的同时，要注意结合实际情况，从实际出发。不同地区的市场发展模式必然存在一些差别，要避免"依葫芦画瓢"，否则只会使相关制度陷入死板僵化的境地，而难以产生实际效用。

其次，要成立专职于校企合作的市场监督管理组织，为参与校企合作的企业保驾护航，帮助它们在开展和深化校企合作的过程中维护企业权益，避免它们受到其他压力而导致校企合作失败。同时，市场监督管理组织还需要对参与校企合作的企业进行广泛调研，确保企业在校企合作过程中合规合法。学生群体维权意识较差，属于社会中的弱势群体，一定要严格避免无故克扣工资等不良事件发生，保护相关企业权益的同时也需要保障参与实践工作的学生群体的利益。

最后，要在宏观层面制定并创新市场运行评价标准。科学全面的评价标准是验证市场监督管理体系是否有效的"法宝"与"准绳"，因此要结合行业特征对相关评价标准进行调整与创新。即使评价标准曾经适用，但是如果没有随着市场模式变化而进行创新，那么也会很快被市场所淘汰，其原有的评价功能也会减弱。各级政府需要派专员与有关部门的管理者取得联系，共同探讨市场监督管理评价标准的创新构建，采取相关的可行性措施，以确保监管活动真实有效，从而保障校企合作事业的合理运转。

第二节　企业层面

一、激发合作内生动力

校企合作的主要参与者为学校和企业，这种"双元"的构成模式是如今绝大多数校企合作的普遍状态。学校与企业合作的深度在很大程度上取决于双方的内生动力，即内在驱动力。如果学校与企业都对于校企合作具有高涨的积极性，那么在关于校企合作具体事宜的商讨上，双方都会十分积极主动，校企合作的开展进程也会十分迅速。这样一来，学生的实践过程也将更加顺利。但是我国许多企业参与校企合作的积极性不高，内生动力不足，这在一定程度上限制了校企合作的内涵式发展，成为职业教育进一步深化的重大阻碍。究其原因，主要在于以下几点：

第一，国内部分企业并没有从战略高度全面认知校企合作具有的长远意义，并未认清其重要性。"没有看到校企合作能够给企业带来重要的和长期的人才和技术上的支持，总是狭隘地认为企业的主要任务是搞好生产与经营，企业只是选择人才，而不参与或很少参与人才的培养，把培养人才的主要责任推给了学校。还有部分企业出于自身经济利益和生产实践等因素的考虑，当出现眼前利益和长远利益、自身利益和社会利益的矛盾冲突时，把培训教育学生视为额外负担。"[1]甚至还有一些企业的管理者片面地认为，校企合作只是企业辅助学校进行实践教学的一种形式，对于企业没有丝毫的帮助，这种观念是造成校企合作企业参与积极性不高的重要因素之一。第二，缺少法治监督，政府宏观调控与监督有所欠缺。德国、日本、英国等发达国家校企合作的成功都离不开国家法律法规的强制执行。例如，德国为了"双元制"的成功实施，由联邦政府制定了《职业教育法》《职业教育促进法》《青年劳动保护法》《手工业条例》等几十种法律法规，对企业、学校、学生三者的义务、责任做了明确规定。法国也通过立法强制企业承担实施职业教育的义务，企业必须为职工提供接受教育的机会，必须免费承担实施职业教育的任务，接受职业教育的毕业生。美国、英国等职业教育发达的国家无一不是通过法律等手段来维护和促进职业教育发展的。而我国虽然近年相继出台与职业教育相关的法律法规，但是在这方面仍然有待完善。总之，校企合作人才培养创新需要大力激发各企业对于发展校企合作事业的内生动力。

企业管理阶层需要不断更新自身观念，大力配合校企合作。企业管理阶层是校企合作的主要参与者，他们不仅管理企业的运转工作，同时也对校企合作的发展有很大的参与权，尤其是对于顶岗培训、实践培训

---

① 梁俊，漆明龙，易彬.中国企业参与校企合作积极性不高的原因与对策 [J].经济研究导刊，2012（1）：35-36.

等事宜，企业管理者有着很大的决策权。因此，只有企业管理阶层转变观念，真正意识到校企合作的现实意义，才能够促进企业积极参与校企合作工作。近年来政府已对此作出相关论述，如《国务院关于大力发展职业教育的决定》中表示要"进一步建立和完善适应社会主义市场经济体制，满足人民群众终身学习需要，与市场需求和劳动就业紧密结合，校企合作、工学结合，结构合理、形式多样，灵活开放、自主发展，有中国特色的现代职业教育体系"，还强调"依靠行业企业发展职业教育，推动职业院校与企业的密切结合"。以上政策充分表明校企合作已经成为当代重要的教育形式之一，其与社会发展具有密切联系。企业管理阶层也应当充分学习相关政策，进一步认清校企合作的深刻内涵。对此，有关部门还应继续加强宣传，帮助企业管理阶层更新观念，转变态度，让他们真正意识到企业参与高职教育不仅仅是为了逐利，更是他们的义务与责任。

二、科研成果全面共享

企业发展的动力在于科研创新。在知识经济时代，只有掌握先进的技术手段，才能促使企业在不断创新的带领下取得多项重大突破，而技术上的突破才能够为企业带来源源不断的利润。因此，当代社会各企业都十分重视科研项目的发展，许多高端企业已在企业内部单独设立科研实验室，着力促进产业革新。

高职院校校企合作以学校和企业共同构建双元主体为主要形式，然而在校企合作的过程中，许多企业却不愿对学校全面共享自身的科研成果，这就导致学生在实训过程中只能接触过于肤浅、表面的工作内容，与其自身专业相关且具有一定技术水平的项目却无从接触，久而久之，学生的创新能力与实践能力根本无法获得明显提升，而只能长期做枯燥乏味的基础性工作。企业之所以不愿意与学校共享其科研成果，主要是因为企业耗费大量人力、物力、财力完成科研项目，若对学校全面共享科研成果，企业管理阶层容易产生不平衡心理，这致使他们在校企合作培训过程中有所保留。

对此，企业应当做出适当改变。只有不断深化校企合作的技术深度，才能够推动校企合作不断发展，使学校与企业实现互利双赢。事实上，学校与企业是密切联系的两个主体，它们二者共同构成校企合作这一"集合"。"学校和企业，一方是重要的知识和技能型人才的培养产出方，一方是毕业生人才的雇佣接收方，二者在这一点上应该有着很好的合作基础。作为企业方，有着一线生产技术和广泛的就业岗位，又有着人才的巨大需求，所以，从长远来看，企业可以通过与高校进行深度交流合作，以培养优质合格人才为共同的目标导向，以求互利共赢。"①

首先，企业管理阶层需要认清形势。校企合作并非只是对学校和学生有利，在某种意义上，校企合作能够达成"三赢"的局面。对于学生而言，可以减缓经济压力，在上学的同时赚取一些"外快"；对于学校而言，有利于实现全面教学，丰富教学方式，同时还能够促进"双师型"教师的转变；对于企业而言，有利于培养企业未来的后备人才。因此，企业应对学校和学生以诚相待，努力实现科研成果全面共享，促进实习学生实践能力与创新能力快速提升。这也是对企业未来发展的一种"投资"。

其次，企业可以提供专项合作资金以及专项奖学金，以此来鼓励学生认真学习重要技能以服务企业活动；奖励为校企合作出突出贡献的优秀教师，提供基础教学设备，分享企业最新技术成果。同时，企业还要及时与学校召开技术交流论坛会议，共同开展在职培训等活动；增加合

---

① 刘杰.高职院校校企合作人才培养模式的现状、问题与对策研究[D].南宁：广西师范大学，2017：46.

作院校办学竞争力，加强合作院校师资队伍建设，改善合作院校教学条件，拓展合作院校就业渠道，使合作院校与行业领先技术同步同轨；建立校企双方有效沟通渠道，使合作院校成为企业人才培养教学中心；储备技术人才，使校企合作平台成为区域的科普体验中心和技术交流中心。

总之，学校与企业在合作的过程各有长处、各具特色，双方又各自发挥长处，实现资源共享、合作开发，只有这样，企业才能降低总体成本，逐渐获得收益。如果企业只是"应付差事"，只让学生随意做一些闲杂工作，对他们不予信任，不愿付出丝毫的成本，那么也难以在未来收获大批优质的专业化职工。

三、建立健全培训制度

校企合作开展的过程中，多数情况下学生需要在企业进行实践。学生虽然已经在学校接受过专业理论教学，但是直接进入企业并且面对真正的工作环境时，不可避免地会产生紧张情绪，加之学生年纪尚轻，心理承受能力不足，甚至会产生比较严重的抵触情绪和畏难情绪。为了帮助学生克服初次上岗的心理压力，帮助他们尽快掌握实践操作能力，企业需要强化人才培训，建立健全培训制度。

然而，目前许多企业在校企合作时并未建立比较完善的培训制度，虽然已经安排专人对学生进行培训，但是由于相关制度不够健全，培训过程效果不佳。例如，有些企业拨发给培训专员的工资较低，而培训过程较长，对于培训专员精力的消耗与所获得的收益不成正比，这就导致培训专员消极怠工，对待工作不够积极，只是应付差事，而学生也听得云里雾里，根本无法快速掌握上岗实践的要领。又如，有些企业急于让学生上岗工作，从而为企业带来一定经济效益，过度缩短培训时间，学生只能边工作边摸索，不仅工作效率低下，而且具体操作还可能存在错误。因此，企业管理阶层需要高度重视培训制度，科学合理的培训制度是确保实习阶段的学生能够顺利上岗且完成基本操作任务的重要保障。针对部分企业培训制度确立不明、存在诸多疏漏的问题，管理阶层需要转变观念，并且努力向培训制度比较完善的同行业企业"取经"，力图不断建立健全培训制度，这对于学生和企业都具有积极意义。

首先，企业内部需要设立培训委员会，委员会成员要包括企业内部高层、行业专家、行业优秀员工等。这些人群各自对本行业的不同方面有丰富的了解与认知。例如，企业内部高层人员对于企业未来的发展规划有清晰认知，行业专家对于行业未来发展前景有科学判断，而行业内的优秀员工对于工作相关的实践技巧掌握纯熟。由他们共同商议并确立培训制度具有较强的科学性与合理性，不至于出现培训制度过于片面或培训制度不切实际的情况。培训委员会日常工作主要包括强化员工实践操作训练，提高员工技术水准与工作技能，从而满足企业发展需要。具体到校企合作的实习学生身上，培训委员会需要着重提升他们的基础操作能力，对他们进行全方位培训安排。在培训过程中，以师徒制作为主要形式，可"一师带一徒"，也可"一师带多徒"，需要根据工作特性来具体安排。需要注意的是，委员会工作人员要在作出培训及相关事项的决定之前进行商议，任何培训计划上的变更都需要经过全面商讨之后再做定夺，以确保培训活动的合理性。

其次，企业需要单独设立培训制度评价机构。评价活动对于任何行业、任何领域都具有十分重要的作用，积极合理的评价有助于企业更加准确地认清自身，找准自身的发展方向，从而制定今后的发展规划。当企业设有体系完备的评价机构之后，机构内部工作人员可以切实履行主体责任，不断深化评价活动，规范工作流程，对于企业发展具有很强的矫正作用与辅助作用。在评价的过程中，工作人员要始终秉持公平、公正、公开的原则，杜绝任何评价要求之外的行为。长效评价机制能够有效规范企业培训制度。

再次，企业要根据自身发展规划与校企合作具体安排的变化而适当调整培训制度。培训制度设立完成之后，并不意味着制度就将一成不变，制度也需要随着具体情况的变化而变化。需要注意的是，制度要时刻谨遵根本原则，在遵循原则的基础上进行适当调整，若随意变更制度，则容易引起培训工作方面的混乱，造成不良影响。第一，企业管理者需要从宏观上把握企业发展趋向，考量校企合作培训制度与企业发展之间的必然关系，以促进企业发展作为准则和目标，调整校企合作培训制度的具体细则。第二，派出市场专员进行广泛性市场调查与走访，搜集大量行业市场相关的实际信息，包括各类数据等。企业工作人员再根据这些数据对本企业进行对比，针对弱势领域进行适当调整，对相关培训制度进行调整。

最后，企业培训制度可以在与同行业其他企业的交流沟通下制定。对于同一行业而言，不同的企业虽然具体情况不同，但是在宏观层面具有一致性，这就决定了同行业的不同企业在培训制度方面也会有一定的相似性。参与校企合作的企业在制定培训制度时可以借鉴和参考其他企业的培训制度。通过对多种培训制度进行考察、归纳、总结，企业管理者往往能够从中获得新的灵感，从而更好地建立健全自身的培训制度。

四、畅通人才晋升渠道

职业生涯的高度在很大程度上受到环境的影响，而员工所处的直接环境便是企业。企业如果具有畅通的人才晋升渠道，为员工打通上升空间，员工的工作积极性将会被有效调动起来，这对于员工的能力提升，以及企业的长远发展都具有一定的积极意义。

在校企合作人才培养过程中，企业应当畅通人才晋升渠道，为即将步入岗位的学生开辟更加广阔的"领地"，让他们对职业前景充满希望。通过对目前多数参与校企合作的企业进行观察可知，部分企业并未打造畅通的人才晋升渠道，企业内部两极分化严重，员工进入企业之后，只能默默无闻、兢兢业业地在自己的岗位上工作，而缺少晋升的机会。即将毕业的学生士气高昂、满怀憧憬，他们更加希望获得上升空间，在缺乏上升空间的企业进行实践，他们的工作积极性和实践主动性将会大打折扣，这显然并不利于校企合作事业的内涵式发展，只会让活动流于表面。因此，企业需要着力畅通人才晋升渠道，帮实习学生树立长远发展目标，为他们在职业领域提供具有可靠性和流动性的上升空间。

（一）人才选拔机制

人才选拔，指企业为了满足发展的需要，根据人力资源规划和职务分析的要求，寻找吸引那些既有能力又有兴趣到本企业任职的人员，并从中挑选出适宜人员予以录用的过程，以确保企业的各项活动正常进行。人才选拔是其他各项活动得以开展的前提和基础。

在校企合作人才培养过程中，人才选拔机制是畅通人才晋升渠道的第一步。科学的人才选拔能够帮助企业精准地找到具有发展潜力的优秀实习学生。当学生真正步入工作岗位之后，管理者可对其进行专门培训，助力其职业能力不断提升。建立健全人才选拔机制具有多重优势：其一，有利于发现具有一定天赋和潜能的员工，在今后的职业生涯中，可对其进行专门培训，促进其各项能力快速提升；其二，有利于企业培养后备人才，在知识经济时代，人才成为重要的发展命题，选拔出的佼佼者有望成为助力企业未来发展的推动者。总之，建立健全人才选拔机制尤为必要。但是反观许多企业的实际情况，在人才选拔过程中仍存在一些问题，主要表现为在选人的标准上，忽略了人才本身必备的素质特点；在选人的范围上，条条框框太多、渠道单一、识人面窄；在选人方式上，仍以组织任命或聘任为主，忽略了市场竞争的作用，从而不适应现代市场经济的需求，缺少选人用人的科学性和广泛性。人才选拔包括选拔者、选拔对象、选拔情景（社会环境或管理体制）和选拔中介（选拔原则、方法、标准等）四个要素。隐藏在系统内部四个要素之间以及与外部环境之间的作用方式，就是人才选拔机制。

在建立人才选拔机制时，需要注意如下要点。第一，选拔实习人才要与企业的发展目标一致。任何企业在其不同的发展阶段都有不同的发展目标和整体规划。在选拔人才时，企业一定要考虑到企业自身的各项因素，如果实习人才对于企业发展目标难以产生积极效用，则要避免这类选拔活动。第二，选拔实习人才要与行业环境相协调。企业所处行业的整体动向决定了企业未来的发展走向，因此，管理者需要明确行业发展动态，根据发展动态量身制定人才选拔策略。第三，选拔人才要与人才市场的供应情况挂钩。行业人才比较兴旺时，可以适当提高选拔门槛，在众多人才中选拔更为优异的人才，而在市场比较萧条时，适当降低选拔门槛。第四，选拔人才需要考量收益与成本的联系。

（二）明确晋升要求

为了畅通人才晋升渠道，企业需要预先明确晋升要求。具备一定发展潜力的员工可被视为企业重点培养的对象，但是也仍然需要满足一定的晋升要求，如果无法满足相关要求，那么则会引起其他员工的不满情绪。晋升要求并无统一规定，具体晋升要求由企业管理人员进行具体规定。

在多数企业中，会为取得如下成绩的员工赋予晋升机会：员工忠于公司，并连续几年为公司带来稳定收益；积极做好本职工作，在某年为公司带来高额收益；业务能力具有个人特色且成效卓著；等等。因此，校企合作人才培养的过程中，为了大幅提高学生的积极性，为企业培养后备人才，需要为他们预先明确晋升要求，这有利于明显增加他们的工作动力。

五、深化校企合作深度

在校企合作人才培养的过程中，企业不是独立的个体，而是合作教学的教学主体，它与高职院校共同构成了实践协同育人的"双主体"，因此深化校企合作深度必然需要企业的大力支持与高度参与。进一步强化合作深度，有效提升学生的实践能力和操作能力，需要企业对此做出努力。相较于高职院校和科研机构，企业是以经济效益为根本目标的经济体。企业具有雄厚的资本积累，具有资助校企合作深化开展的实力。

首先，企业要为高职院校和科研机构提供资金支持，支持教育与科研，这也是对企业未来发展的一种投资。只有让学生群体进行大量实践活动，他们的工作能力才能获得有效锻炼，他们将来进入企业才能够在自身岗位"发光发热"。如果企业吝惜自己的资金，对于高职院校和科研机构丝毫不提供相应的资金支持，那么学生的实践教学与科研活动将受到阻碍，这势必会影响校企合作协同育人的最终成效。

其次，企业要为高职院校和科研机构提供人才支持。虽然高职院校与科研机构中有大量学术性的专业人才和专业教师，他们在相关领域甚至有卓著的科研成果，但是付诸实践未必强于企业中的"师傅"。因此，企业要为之提供专业性、实际性的人才支持，以"师傅"来丰富教学课堂，让学生在学习理论知识的同时，还能够大幅提升实践能力，为将来真正进入工作岗位打下坚实的实践基础。

再次，企业要为学生打造配套完善的实训基地。在校企合作事业中，实训基地是必不可少的场所。根据合作具体形式的不同，实训基地可建于校内，亦可建于企业，但无论场所具体位置处于哪里，只要方便学生进行实训，便能够取得应有的效果。在实训基地的构建过程中，要大量使用先进的硬件设施，给学生提供真实的实践环境，让他们在实践中探索，在实践中收获。

最后，企业还要为高职院校的师资队伍提供有力支持。学校与企业共同构成校企合作协同育人的"双元主体"。学校与企业的不同教育形式具有不同的优势，企业应巧妙利用自身优势，帮助高职院校教师获得教学能力方面的提升，从而间接推动校企合作高质量发展。例如，企业可以开展"教师进企"活动。虽然教师具有专业的理论知识素养，但是他们的专业实践能力却很可能弱于企业中的"师傅"，对他们进行实践强化，有助于今后优化实践教学。又如，企业还可以定期安排专业员工为教师进行集体授课，为他们演示当前业内先进设备的使用方法，让他们与时代接轨，使知识不再停留于书本，这样一来，高职教师也能在今后的教学中为学生群体进行更多实践演示，从而加深学生对于行业的认知与了解。

第三节　学校层面

一、科学构建教学体系

校企合作人才培养的重要方面在于教学体系的构建。相较于常规高职教学而言，校企合作的教育模式具有更加丰富的课程内容、教学形式，当然也需要更高质量的教学团队，这对于高职学生的全面发展具有重要意义。

高等职业教育在我国已从扩大规模发展到内涵建设阶段，而课程建设与改革是其中核心和关键的问题。目前大多数高职院校都采取了工学结合、校企合作课程开发的方式。正如过秀成所述，"为了向学生提供多途径参与科研、提升实践能力的通道和方式，加强学生研究、解决实际问题的能力及与行业、产业的紧密联系，应建立校企联合培养基地，并开设校企合作课程。依托学校所在地一定范围内的行业领先企业的领先优势以及学校学科的研究优势，以实际应用为导向，共同构建新型产学研合作模式"①。可见，校企合作的课程构建是产学研合作模式的关键所在。

首先，要优化完善教学团队。往常的教学团队一般由校内任教于不同科目的高职教师共同组成。完全由教师组成的教学团队优势十分明显，他们的教学手法十分丰富，课堂掌握十分娴熟，但是以往的授课多以理论为主，一旦涉及实践教学，结果往往不尽如人意。因此，校企合作协同育人要对教学团队进行优化。第一，要吸收大量来自企业的技术人员，聘请他们扩充固有的师资队伍，为教师群体进行更多实践示范，带动教师共同提高实践教学能力；第二，要组织高职教师定期"下厂"，到企业观看生产实践，经过细心观摩与深入交流，教师群体对于专业相关的实际工作会具备更加准确细致的把握；第三，要额外招聘具有丰富实践经验的教师，由他们来充实已有的教师团队。如今高职院校中的教师团队体现出年轻化的特点，甚至许多教师都刚刚毕业不久，他们对于专业理论掌握得比较扎实，但是普遍缺乏实践、缺乏经验，聘请具有经验的"老教师"带队，能够为优化完善教学团队起到重要的帮助。

其次，要优化创新教材内容。教材是教师开展教学活动的参照，是教学活动的遵循，教材的选取至关重要。校企合作协同育人需要选取合适的教材，结合高职学生的特点，进行特色化教学。如果教材的选取不到位，教材内容不符合实际情况，那么即使教学团队具备优异的教学能

---

① 过秀成．交通运输规划类研究生培养模式与实践 [M].南京：东南大学出版社，2020：62.

力，也难以促进学生专业能力获得有效提升。以往高职教育的教材选取存在一定的不足，许多教材往往理论性过强，缺乏实践性，而高职教育的重点就在于实践教学，这就导致学生群体的实践能力较弱，缺乏动手能力，这对于他们未来进入企业工作极为不利。因此教材的选取要适合高职学生的特点，教材中除了包含体系化的理论知识之外，还要针对学生的实践能力进行强化。在讲解过程中，高职教师也应理论实践并重，不可只研究理论知识的讲授方法，而忽视实践教学。同时，教材还应加入丰富的应用性内容，如实践应用题、理论实践联系的思考题等。

再次，要适当对教学方法进行丰富。目前无论在哪一学段，也无论在本科院校还是高职院校，占据主导地位的教学方法莫过于讲授法。讲授法作为最常规、最普遍的教学方法，具有其他教学方法不可替代的优势，如高效率、大体量等。但是讲授法也有其弊端，而且其弊端在高职教育中尤为凸显。这是因为高职教育是重视实践的教学形式，而讲授法却在实践方面有所欠缺，需要实践性较强的教学方法作为补充。因此，校企合作要适当对教学方法进行丰富与创新。高职教师要采取多种教学方法，包括情境教学法、多媒体演示法、练习法、参观教学法、现场教学法、自主学习法等，通过多种教学方法的有力补充，强化教学的实践性，让高职学生能够在获取理论知识的同时，同步提升其自身实践能力。例如，开展通信相关专业的校企合作教学时，高职教师可以采用课程实施一体化的教学方式，主要体现为实施主体、教学过程和教学场所三方面的变化。教学主体由教师转变为学生，同时结合通信行业的特点，将学生划分成不同的小组，以小组的形式完成项目，构建以合作为主题的新型师生关系和生生关系，真正凸显学习者的中心地位；教学过程与工作过程相结合，做到学生心理过程与行动过程一体化；教学场所将传统的教室、专业教室和实训室相结合，打造融合"教、学、做"为一体的教学环境。

最后，要对教学结果进行客观科学的评价。评价体系是教学活动中不可忽视的一环。教学体系是一个整体，其中包括教学设计、教学方式、教学内容、教学反馈、教学评价等多方面的内容。如果只是完成基本的教学实践，而未进行最终的教学评价，则不属于完整的教学活动。教学评价能够帮助教师掌握学生的学习情况，教师不仅可以实现对于自我教学活动的深刻反思，还能针对自己的不足进行教学优化和创新。高职教师要在每次课程结束之后，大量接受学生的反馈，或者通过录像等形式来了解学生的听课情况，从而对课堂中的各要素进行分析。校企合作协同育人要求进行教学评价，包括对教师的评价与对学生的评价。只有进行全面、科学、客观的评价，才能够为校企合作协同育人的未来发展提供可靠的借鉴与依据。

二、全面强化师资队伍

师资能够为教育事业提供强大的推动力，是教育事业的承担者和执行者。在优秀的师资团队影响下，教育事业能够取得突飞猛进的发展。如果师资力量规模不够强大，则会导致授课效果大打折扣，学生也难以真正将课堂所习得的内容应用于实践。"我国自古便是尊师重教的国度，这一优秀传统早已镌刻于中华民族之血脉之中。教师在人类社会发展中产生的巨大作用及其地位随着历史的演化而不断地被加深、诠释、被赋予鲜明的时代特征。从《荀子·大略》'国将兴，必贵师而重傅'到《师说》'师者，所以传道、受（授）业、解惑也'，再到'人类灵魂的工程师'等等赞誉，不胜枚举。"①这都说明，师资力量对社会的教育事业发展具有重要作用。如今的高职教育与实践联系甚密，其对于优秀师资团队的需求也越来越高。

---

① 刘红.高职教育师资队伍建设的研究 [D].西安：西安建筑科技大学，2010：7.

　　自 20 世纪 50 年代中叶开始，高职教育的师资队伍不断壮大。如今国内教育领域对于高职教师队伍的要求也越来越高，一般要求合格的高职教师具备如下素养和能力：一般要求本科以上学历，并具有教师职业资格证书；要有良好的师德，以身作则；具有较广博的文化基础知识和业务水平，既精通自己担任的课程，还要懂得其他学科知识，使学科互相浸透，能够拓宽教学思路；普通话标准，有较好的口头和书面表达能力，要有良好的语言表达能力和沟通能力。此外，对具体专业的高职教师还有更为细致的其他要求。在产教融合与校企合作的背景下，高职教师群体成为学院与企业连接的"中间人"，因此，有关部门和高职院校想要进一步优化校企合作人才培养模式，就必须要对高职院校的师资队伍进行强化。只有在具备卓著的教学、实践等能力的教师群体的影响之下，高职学生才能不断获得专业水平的提升，才能逐渐达到社会所需的技能型人才的标准。高职院校强化师资队伍的途径如图 5-1 所示。

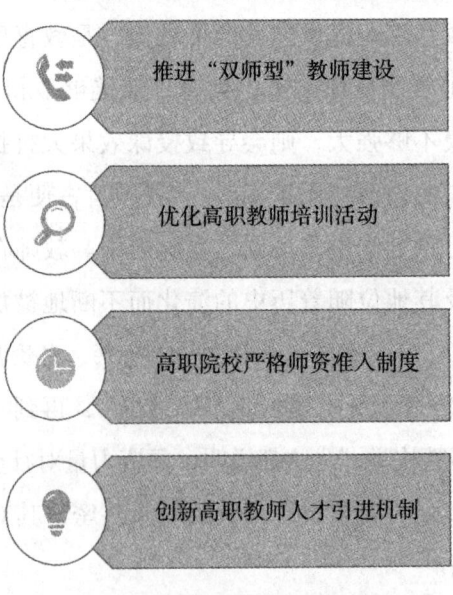

推进"双师型"教师建设

优化高职教师培训活动

高职院校严格师资准入制度

创新高职教师人才引进机制

图 5-1　高职院校强化师资队伍的途径

（一）推进"双师型"教师建设

"双师型"教师是高职教育中教师的特定称呼，是指"双证"教师或"双职称"教师。此外，对于"双师型"教师还有许多其他的解释，如"双素质论""双能力论""双融合论"等。不过按照教育界的普遍看法，高职院校"双师型"教师应同时具备以下几个方面的素质和能力。

第一，有良好的职业道德，既具有教书育人的能力，又具有进行职业指导等方面的素质和能力。

第二，具备与讲授专业相对应的行业、职业素质，具备丰富的行业、职业基本理论、基础知识和实践能力。

第三，具备相当的职业素养，即具备较丰富的所教授科目相关行业常识，并善于将其贯穿于教育、教学的全过程。

第四，具备相当的社会沟通、交往、组织和协调能力，即既能在校园内同学生交往与协调，又能在企业与行业从业人员进行交流和沟通。

第五，具备相当的管理能力，即在具备良好的班级管理、教学管理能力的同时，也具备企业、行业管理能力，同时还要具备指导学生参与企业、行业管理的能力。

第六，具备相应的适应能力和创新能力，即要适应资讯、科技和经济等快速变化的时代要求，具备良好的创新精神，善于组织和指导学生开展创造性活动。

培养大量优秀的"双师型"教师，是提高高职院校师资质量的重要途径，更是响应党对于优秀教师群体号召的明确体现。《国务院关于加快发展现代职业教育的决定》（简称《决定》）明确提出，要建设专兼结合的"双师型"教师队伍，实施教师专业标准，落实教师企业实践制度。《决定》还指出，要构建并完善将企业中的高级技术人员、高级工程师引入职业院校任教的机制。和以前相比，教师的专业素质和实践能力在近几年来得到显著提升。一方面，吸纳企业中文化素养较高的优秀技术员，使其通过教学培训后加入高职院校的师资队伍，扩充了实践教学师资实力；另一方面，将部分教师送往企业接受操作技术、技能教学等培训，提升了教师的应用能力和专业技术水平。这些举措短时间内解决了师资紧缺的问题，保障了教学、实习等各项活动的正常运行。

（二）优化高职教师培训活动

师资培训是目前教育事业中比较常见的话题。教师步入教师行业，并不是意味着教师可以"高枕无忧"，从此不再进行相关学习，而是必须随着时代发展与教育观念的更新不断接受相关培训。反观如今的高职教师培训体系，仍然存在一些有待完善的方面；许多高职院校不重视对高职教师的培训，这使得许多教师停留于曾经的教学水平，对于层出不穷的新理念、新方法无从得知；也有一些高职院校虽然开展教师培训，但是浮于表面，缺少实际性的作用，只是"走过场"，这种所谓的师资培训根本无法真正对教师起到促进提升的作用。因此，未来高职院校与相关培训机构需要加大合作力度，共同提升高职教师培训质量，为高职教师综合能力的不断提升另辟蹊径。

首先，要丰富和充实培训内容。培训不仅限于专业知识，同时还要包括其他方面，如师德培训、理念培训等。师德方面，要经常性地组织教师认真学习《教师法》《教育法》《未成年人保护法》《高等学校教师职业道德规范》以及上级教育主管部门关于师德建设的相关要求；引导教师在追求和享受权利的同时，认真履行好职责和义务；加强法治和社会公德教育，引导教师树立良好的社会形象，努力成为遵纪守法和遵守社会公德的典范，真正做到"一言一行为人师表，一举一动堪称楷模"；利用学校"师德标兵"评选、年度考核等平台，让先进教师的模范事迹成为师德培训的生动材料，用典型引路，用身边人教育身边人，帮助教师树立正确的人生观、价值观和事业观,增强教书育人、敬业爱生的责任感和使命感。理念方面,学校可定期选择相关教育理论书籍,指定教师阅读,提升其理论素养;有计划、有目的地组织学习新课程改革的相关论述和教育教学知识,及时了解教育大政方针和教育改革信息;进一步集中人力,广泛搜集报刊材料和网上教育站点网页,组织教师学习和讨论关于课程改革的最新时文,及时更新自己的教育理念。教学方面,主要包括教材教法培训、教研能力培训、教学基本功培训等分支。第一,要帮助高职教师进一步领会课程改革的指导思想、改革目标以及新课程标准所体现的理念,帮助教师了解各学科课程改革的突破点以及对教学的建议,使教师能以此为依据,在对教材进行充分分析和研究的基础上,将理论运用于实践,制定相应的教学及评价策略;进一步深入学习相关学科的课程标准,开展学科教材教法培训,帮助教师解读教材,优化教学方法;通过对优秀课堂实录、优秀教学设计、案例分析等材料的研读,增强教师把握教材、设计教案、实施教学的水平,提高教师驾驭课堂进行教学的能力。第二,教研能力培训。帮助教师学习掌握教学与科研的一般方法,学会如何贴近教学实际发现问题、筛选问题、制定课题研究方案;如何有效地开展研究,以达到预期的研究效果;如何进行研究信息的搜集整理,并进行总结、深化和提升,使教研教科研真正成为教师提高自己的自觉行为。第三,教学基本功培训。抓好抓紧青年教师基本功建设,增强全体教师的课堂教学艺术感染力和信息技术的使用能力,特别重视青年教师课堂教学水平达标的监测和评价工作的展开,等等。

其次,要优化创新高职师资培训模式。常规的师资培训模式为面授式,该种模式与教师授课时所经常采用的讲授法比较相似,也是一种面对面教学,且具有一定"灌输式"特征的模式。该种培训模式能够让教师群体尽快熟悉培训大纲,对于即将展开的培训有一定的把握,但是其生动性与直观性有所欠缺,培训时间过长,容易导致受培训教师出现消极情绪。因此，培训者需要对高职师资培训模式进行适当的优化创新。第一，培训专员需要适当为受培训教师变换培训模式，以多样化的培训模式代替单一的面授式培训，包括情境化培训、信息化培训等。例如，运用情境化培训，为受培训教师打造和模拟接近企业真正生产情况的虚拟场景，在这样的场景下，教师仿佛置身于企业中，能够获得更加直观的体验和感悟。又如，运用信息化培训，在培训课程中，培训专员巧妙运用各种各样的信息化设备，丰富培训活动的表现形式，带给教师群体别样的体验。第二，培训组织机构要与受培训教师群体适当进行交流探讨，表达各方观点。教师可以对培训方做出比较及时的反馈，双方能够在共同交流之后，不断优化培训模式，从而找到最适合高职教师综合能力稳步提升的有效手段。

再次，要完善高职师资培训管理制度。高职师资培训过程复杂，包含许多烦琐的具体事宜，针对具体情况，管理者需要制定不同的应对措施，以确保高职师资培训活动的稳步开展。而这一切有赖于科学、完善、合理、有效的管理制度，只有制定出比较完善的高职师资培训管理制度，才能够确保培训活动始终"保持正规"，而不至于偏离方向。例如，高职院校与培训机构共同进行深入交流与商讨，成立管理制度评审委员会，对高职师资培训的管理制度相关内容进行深入研究，并随着行业动态变化，对管理制度进行适当调整。又如，管理制度的制定者与审查者研究其他院校师资培训管理相关案例，通过对这些案例进行分析和总结，找到其中适用于自身的管理措施与创新手法，从而促进高职师资培训管理制度不断优化。

最后，要构建高职师资培训考核体系。高职师资培训考核体系虽然不在具体的培训环节与流程的范围之内，但是它对于师资培训也是不可或缺的，缺少考核体系，则无法判断培训活动是否取得应有的效用。因此，高职院校要在内部构建考核体系，考核内容即培训相关内容，考核模式以问答形式为主。考核时，由组织者对教师进行提问，通过分析教师所回答内容，准确判断教师是否通过接受培训而有效提升其相应能力。总之，考核体系属于师资培训活动的保障，只有通过适当的考核，才能得出科学的结论，培训管理人员才能根据结论来调控接下来的师资培训活动的"动向"。

（三）高职院校严格师资准入制度

当前，我国职业教育正走在提质培优、增值赋能的发展快车道上，建设一支素质高、能力强的高职教师队伍是校企合作职业教育发展的关键之一。教育部提出，到 2022 年，"双师型"教师占专业课教师的比例应超过一半。然而，由于现行高职院校教师资格准入制度缺乏独立标准，一定程度上影响了高职院校优秀教师队伍的发展。我国现行高校教师资格认定中并未明确高等职业学校教师资格的具体条件，各地教育主管部门在组织评审、审核高职院校教师资格认定时，一般套用普通高校教师的认定标准，与普通高校在教师资格认定的程序上也完全相同。这就导致高职院校教师准入制度缺乏职业化教育特征和实践考核门槛。例如，在招聘中，院校一般通过试讲、结构化面试和专业能力测试（侧重理论知识和科研成果情况）重点考察应聘者的教育教学与科学研究能力，较少考察其实践教学能力，履历上的个人社会实践情况仅作为评价的参考内容。因此，应调整高职院校教师准入制度，解决高职院校教师队伍的结构性矛盾。只有调整准入制度，才能确保今后进入高职教育事业的教师都具备比较全面而充分的能力，才能确保他们可以真正胜任新时代的高职教育相关任务。

首先，要建立双师素质的准入导向。推进以双师素质为导向的新教师准入制度改革，完善职业教育教师资格考试制度，建立高层次、高技能人才以直接考察方式公开招聘机制；要强化"双师型"教师队伍建设，完善职业教育教师资格认定制度；在国家教师资格考试中强化专业教学和实践要求，进一步明确今后高职院校教师认定时必须具备双师素质能力。

其次，建立高职教师认定独立分类体系。对高职教育和普通高等教育分别开展教师资格认定，在高职教师资格认定条件中，增加实践技能考核环节，将"双师型"教师资格作为准入的前提条件；完善"双师型"教师认证标准制度，探索开展分级分类认定，针对工科、文科等不同学科，高、中、初等不同级别，分别制定"双师型"教师的认定标准，结合 1+X 证书制度，在工科专业试点推行"双师"教师认定与职业资格证书挂钩，实行"双师"聘任制。

再次，改革高职教师资格考试制度。专业课教师既要具备大学本科及以上学历，又要具备相应专业的职业资格证书或职业技能比赛获奖证书等，充分体现专业技能水平的要求。高职院校教师招聘中，要结合高职教育的特点，在笔试和面试环节设置"双师素质"能力的考核项目，如专业技能测试、实践操作考核等。同时引入职业测评机制，采取心理测试、专业能力测试、面试、履历档案分析等多种方式相结合的方式，更科学、公正地选拔"双师型"教师。同时，还要对高职教师的资格考试内容进行细化，对于高职基础理论课、专业理论课和职业实践课三种类型的教师，进行资格考试时也应该进行分类考核，有针对性地进行考核，尤其是在笔试环节，应避免为提高效率而"一锅端"的方式。

最后，确立兼职教师的认定制度。兼职教师在 20 世纪并不多见，不过随着时代发展，以及教育制度的改变，兼职教师的数量已经是"水涨船高"。如今国内许多高职院校中都聘请了一定规格的兼职教师。"当今，兼职教师队伍在高等职业教育中扮演着越来越重要的角色。为了激发兼职教师的工作热情和活力，规范教师队伍建设，应该同专职教师一样建立起独立的兼职教师资格考试制度。"①例如,推动高职院校兼职教师待遇规范化、合理化发展,为他们的薪酬待遇提供坚实保障,同时,为兼职教师群体制定具有激励性的评定制度,促进他们在兼职教育的岗位上充分展现自身教育教学才华,为高职教育的发展贡献自己的力量。

(四)创新高职教师人才引进机制

大力发展师资培训、强化高职教师准入制度均是强化师资队伍建设的重要环节,而高职教师的人才引进机制同样不容忽视。通过合理的引进环节,能够为高职院校输入大量"有生力量",这些优质的教师能够有效促进高职师资队伍不断扩大。需要注意的是,人才引进机制一定要符合高标准、可行性等特点,因此高职教师人才引进机制需要从以下方面来着手创建。

首先,人才引进需要具备明确的目的性与针对性。人才引进需要成本,而成本则意味着大量的经费,有关部门下发至各学院的经费均是有限的,若院校希望引进优秀人才,推进校企合作进一步发展,很可能在资金层面会比较紧张。因此,管理者需要预先进行周密的考察,明确目标,以确保资金使用的效益最大化。总之,一定要在资金有限的前提下,确保能够切切实实引进优秀人才,完成既定目标。

其次,人才引进相关规定、制度要多样化。多数高职院校均为综合型院校,校内不同专业、不同领域的教师人才所关注的时事热点也各有不同。人才引进必然需要设定相应的优惠制度、福利、酬金等内容,这就需要学校根据岗位的不同来进行多样化的设定。

最后,人才引进要敢于打破常规。按照既定的人才引进机制,多数院校将被引进人员的学历视为最重要的标准和门槛,这种"唯学历论"

---

①刘静慧.论高职院校教师资格准入制度存在的问题及对策[J].青岛职业技术学院学报,2014,27(6):25-27.

具有很强的片面性。因此，人才引进要敢于打破常规，做到不唯学历，同时注重实践成绩、专业能力、学历证书等，以全面的审查作为依据。

此外，人才引进除了校外引进之外，还可以实行校内引进，即在本校选拔人才。在每所高职院校中，都可能会出现专业技术过硬的人才，这就需要本校教师与管理人员擦亮双眼，在教学与管理过程中对学生细心观察，从中找到实践能力较强、专业能力卓著的优秀人才，将他们作为重点培养对象。

三、大力发展协同育人

高职院校校企合作人才培养的重点就在于如何实现校企双方最大化地融合与协作，只有双方互相融入、互相扶持，各自展现自身优势，并且帮助对方扬长避短，才能促使校企合作人才培养活动稳步推进。因此，高职院校必须要切实推进校企协同育人模式发展，不能让校企合作仅仅停留在口头或书面，而是要促进校企协同育人真正落地。

首先，高职院校要在宏观层面调整相关制度。科学合理的教学制度能够帮助学校突破制约校企协同能力提升的内部机制障碍，成为院校和企业相互"推动"的动力源。第一，要对校园内部制度进行适当调整。已有的制度在曾经的一段时间具有一定的积极效应，但是在教育改革的背景下，许多曾经的制度已经不再完全适应时下的校企协同育人发展模式。例如，曾经专注于校内教学的制度已经成为校企协同育人、深化企业师徒教学的阻碍。可通过政策的适度调整，充分释放人力、资金、信息、技术等方面的活力，营造有利于校企协同育人的环境氛围。第二，要与专业方向相似或相近的其他高职院校建立广泛联系，深入交流，在交流过程中学习其他高职院校校企合作相关的制度内容。

其次，高职院校要与市场建立稳定的联系。在校企合作协同育人的过程中，学校与企业必然需要建立一定的联系，并且需要随着合作与协同的深入而不断加深二者之间的联系，但是许多高职院校往往会忽视学校与市场之间的联系。只有把握市场的"脉搏"，了解市场行业，瞄准产业动向，才能够明确相关专业的未来发展规划与安排。如果只是单纯地为了校企合作而与个别企业建立联系，却忽视考察市场，缺乏对于市场大环境的分析，那么校企协同育人也很难取得预期成绩。

最后，高职院校要给予合作企业在校内建立实训基地的权力。建立实训基地是开展校企合作的重要形式，无论是校内实训还是校外实训，对于受教育学生群体的实践能力都有明显的提升作用。对于学校来说，学校管理者具有是否在校内开设实训基地，以及实训基地如何开设的决策权和领导权。为进一步推动高职院校校企合作，加大协同育人贯彻力度，高职院校需要扩大合作，支持企业在校内开办实训基地，以促进校企协同育人模式发展。

第四节　学生层面

一、树立正确择业观念

校企协同育人模式除了政府、学校、企业等主体的参与支持之外，作为育人模式的主体，高职院校的学生群体也应积极配合，转变观念，发挥主观能动性，从而确保校企协同育人收益最大化，促进自身专业能力不断优化、快速提升。对此，学生群体首先要做的便是从内在心理层面做出改变，树立正确的择业观念，以正确的择业观念引领自身不断努力、勇于探索，对校企协同育人的实践做出积极反馈。

（一）择业观念

"我们的地球已经变成了一个村落，职业变得更加细密，人们的职业观也深刻地变化着，人们的择业观也该发生深刻的变化了。特别是整个人类都在或先或后地进入后工业社会，这对人们的职业观和择业观具有巨大的冲击，使人们对职业有了全新的认识。择业也不再是简单的谋求一份职业，而是谋求一种让你今生无悔的生活方式，一种实现自己价值的手段。人们择业不能再有一锤定终身的思想，而应该通过择业的成功与失败，认识自己的优势与不足，不断地充实自己，完善自己，寻找适合自己的事业，从而让我们的生命大放光芒。"①可见，在当代社会择业观念的重要性愈发凸显，对于主体乃至其所处行业的长远发展都具有一定的影响。

在当代高等教育体系中，需要对学生群体进行正确的职业引导，帮助他们树立正确的择业观念。"观念是行动的先导。择业观念正确与否，直接决定在职业选择过程中所采取的行为和所做出的选择，也直接影响到学生能否适应社会顺利就业。职业选择总是受当时的社会状况、经济发展水平与速度、就业政策，以及人们带有普遍性的社会心理的影响。这些条件是客观的、现实的、具体的，不可避免地对人们的择业观念产生影响。伴随着高校毕业生的逐年增多，毕业生就业压力越来越大，只有转变陈旧的择业观念，拓宽就业领域，才能适应市场经济环境，争取到更多的就业机会，实现人生的理想和价值。"②

择业观念是一种思想观念体系，是思想观念的集合，它不仅限于一种观念，而是具有复杂的内涵，如了解自身、融合社会的观念，主动选

---

① 李宗良，李龙均. 鼓翼待高飞——高中生与职业生涯 [M]. 重庆：重庆大学出版社，2015：65.
② 张翠英，余晖. 大学生职业生涯规划与就业指导 [M]. 北京：中国传媒大学出版社，2016：151.

择、摆脱依赖的观念，甘于奉献、吃苦耐劳的观念等。择业观念基本内容如图 5-2 所示。

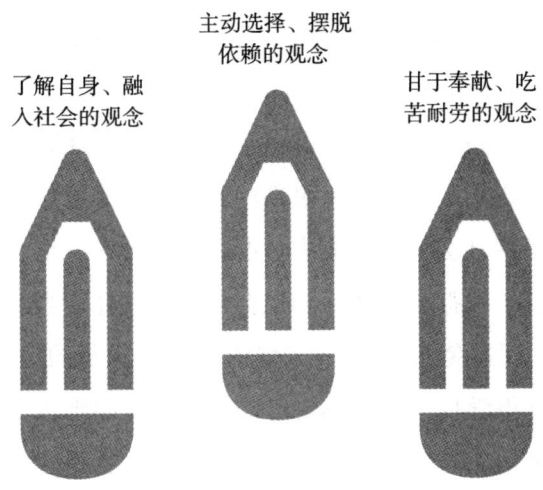

主动选择、摆脱
依赖的观念

了解自身、融
入社会的观念

甘于奉献、吃
苦耐劳的观念

图 5-2　择业观念基本内容

1. 了解自身、融入社会的观念

择业的成功是自我愿望和社会需求的一致，是主客观条件的相互统一，只是单纯地强调个人要求或者岗位要求都是不合实际的。对择业者而言，要正确估计自身的综合能力，明确自身优势和不足，扬长避短，合理确定自己的择业目标，并将个人的职业目标和自身的素质与能力结合起来，对自己所拥有的知识、能力、技能、个性等特点有充分的了解，并认真评价个人职业目标的可行性，判断自己能否胜任某种职业或某种工作；同时还要了解社会需求，把握市场规律，在人才供不应求时可以适当提高自身的期望值，而在人才供过于求时，要适当降低期望值，抛掉不切实际的幻想；要学会站在别人的立场上来考虑问题，尤其是设身处地为用人单位着想，这样就能够了解自己应该如何去面对各种不同的用人要求。

2.主动选择、摆脱依赖的观念

随着社会主义市场经济的逐步建立，人才市场、劳动力市场也得到建立和完善，基本上形成了省、市、县三级市场网络体系，开辟了毕业生通过市场就业的新路子。

毕业生都可以进入人才劳务市场，实行双向选择，平等竞争就业，这是社会发展的必然。在服从人事部门和学校安排的前提下，毕业生应通过各种途径了解社会的人才需求情况，主动进入市场，从多种渠道及时收集需求信息，根据自身实际和社会现实来选择适当的职业。毕业生在择业过程中，要避免把择业当作学校的任务、家长的任务的想法。

有些学生觉得学校应该包办自己的工作，有的则想完全依赖家长的关系和能力来解决工作问题，也有的学生一会儿觉得这个工作好，一会儿觉得那个工作不错，人云亦云，没有自己独立的想法，缺乏自主意识，结果往往会在现实中碰壁。

3.甘于奉献、吃苦耐劳的观念

近年来，在就业难的压力下，多数学生已经接受了现实，主动调整了就业目标。但是也有一些人还是眼睛盯住大城市、大单位和发达地区，留恋所谓公职和身份，导致就业渠道越来越窄。

事实上这些单位和地区人才相对饱和，竞争更加激烈，个人能力更难发挥。如果我们放开视野，就可以看到另一片就业的广阔天地。关系国计民生的一些国防科研单位、国家重点建设单位，亟待发展的边远地区和农村地区，以及一些艰苦行业都需要大量人才，而这些地方正是毕业生施展才华和抱负的战场。

俗话说："宁为鸡头，不为凤尾。"在人才济济的单位，那些重大的任务和责任往往很难交给刚毕业的学生，因而他们得到锻炼和发展的机会相对就比较少，而他们在基层单位和生产一线则可能很快成为骨干，不仅能发挥自己的才干，还能学到书本上学不到的知识，为将来的发展打下坚实的基础。

（二）高职院校学生群体树立择业观念的途径

首先，要以平等的眼光看待世界，看待一切行业。职业并无高低贵贱之分，任何行业都经过多年发展且形成一定的规模与体系，各行业都有其所遵循的理论依据与实践标准。只有平等看待一切行业，才能够接受一切可能获得的机遇，找到合适的岗位，并在岗位上不断创造自身价值。目前，由于信息技术发展迅猛，学生获取信息的渠道多样，学生有可能会通过网络信息平台看到许多"炫富"类的信息，这对他们正确择业观的树立会造成一定的不良影响。因此，高职学生需要坚定信念，强化自身修养，坚定职业平等的理念，要始终明确"世界上的任何一份职业都是伟大且不容侵犯的"。只有以平等的眼光看待世界，才有可能树立正确的择业观念。

其次，要理性择业。世界正朝着多元化发展，要善于抓住机会，但不能盲目跟风，需要理性选择。在择业之前要立足现实、理性分析、结合实际，对自身的各项情况进行系统分析，只有适合自己的才是最好的。总之，需要在就业面前认清现实。

再次，要提前做好职业生涯规划，做好就业准备。机会只是留给有准备的人，一个充足的准备能让人的努力事半功倍。学生在校期间一定要做好职业生涯规划，为未来的就业铺垫道路，树立正确的就业观和择业观。

最后，也是最关键的，选择的基础在于实力，打铁还需自身硬，只有自己具备较高的能力，才能够胜任更多的岗位，并出色完成工作领域的各项任务。因此，高职学生需要不断学习，提升自身实力，以能力来证明一切。伴随自身专业能力的提升，择业观念也将随之更加完善。

二、努力提高创新能力

高职院校的学生应当努力提高自身创新能力。在校企合作人才培养的实践中，学生如果具备较强的创新能力，他们对于自身所接受的培训内容则有更加丰富的体会和感受，与此同时，还能够对相关的专业知识进行深入反思与适当创新，这不仅有利于学生充分了解专业中与行业相关的内容，还有利于他们今后职业生涯获得更好的发展。

（一）创新能力的概念

创新是指人们在生产力、生产关系和上层建筑全部领域中进行的创造性活动，即对不断出现的新情况、新现象、新问题、新领域做出新的理性分析和理论解答，对认识对象和实践对象的本质、规律和发展变化的趋势做出新的揭示和预见，对人类历史经验和现实经验做出新的理性升华。

创新能力是运用知识和理论，在科学、艺术、技术和各种实践活动领域中不断提供具有经济价值、社会价值、生态价值的新思想、新理论、新方法和新发明的能力。

创新能力包括创新意识、创新思维、创新技能、创新精神等方面的内容。

创新能力的内容如图 5-3 所示。

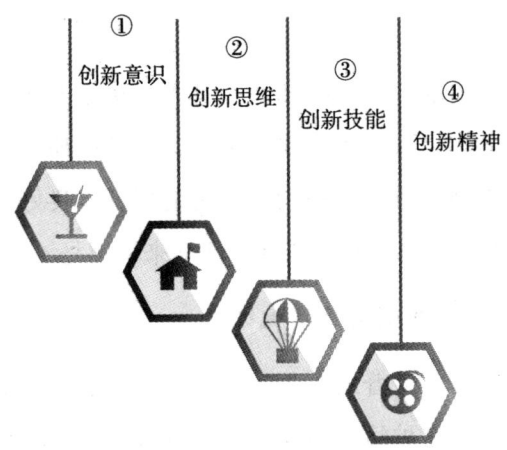

① 创新意识
② 创新思维
③ 创新技能
④ 创新精神

图 5-3 创新能力的内容

1. 创新意识

创新意识是个体敢于标新立异，善于提出新观点、新方法来解决新问题和创造新事物的意识。它是创新思维和创新活动的基本前提，直接决定创新活动的产生，并影响创新能力的发挥。

2. 创新思维

创新思维是逻辑思维、形象思维、直觉思维、灵感思维等多种思维形式的有机结合，是判断推理敏捷、概括综合准确、分析思考深刻、联想想象新奇的高级智能思维方式。创新思维是创新能力的核心，是创新活动的关键。

3. 创新技能

创新技能是指创新主体在开展创新活动时所需要的实践技能，包括信息加工技能、动手操作技能、运用创新技术的技能和物化创新成果的技能等。创新技能是创新能力的直接体现。

4. 创新精神

创新精神包括高度的责任感和敬业精神、勇于开拓的精神、对新事物的强烈的好奇心，以及敢于冒险、勇于进取的品质。创新精神是培养创新意识、锻炼创新思维、提高创新技能的保证。良好的创新精神对培养创新思维、激发创新灵感和开展创新活动来说都是不可或缺的。

（二）高职院校学生创新能力概况

高职院校学生的年龄普遍在 18 ～ 20 岁，处于该年龄阶段的学生具有比较旺盛的活力，这种活力不仅体现在生理层面，更体现在他们的心理层面。有些学生的思维十分活跃，他们能够在教师的正确引导和影响下，获得关于某些问题的创新性体悟与创造性发挥。例如，当教师为学生讲解专业学科内的某一知识点时，如果学生具有一定的兴趣，就能够根据基本问题实现"举一反三"，这对于提高高职院校的教学质量尤为关键。

需要注意的是，这种思维层面的活跃性与创造性需要依赖主体的创新能力，只有在主体创新能力较强的情况下，才能产生更加丰富的新想法和新思路。总的来看，如今我国高职院校绝大多数学生好奇心强、思维敏捷，具有一定的创新思维，但是学生整体的创新能力依然有待提高，具体表现如下。

首先，好奇心强，但创新意识贫乏。高职学生具有强烈的好奇心，并对事物因果关系的规律性探索越来越感兴趣，其独立思考、独立判断的能力逐步发展，但很多高职学生并没有形成创新意识。另外，一些高职学生往往只是在单纯的好奇上停滞不前，不愿意或者不敢标新立异，也不敢提出新观点、新方法，不敢或不愿为解决新问题和创造新事物而努力。

其次，思维敏捷，但未掌握创新思维方法。随着知识和经验的不断积累，高职学生的想象力逐渐丰富起来，思维能力，尤其是逻辑思维能力有了很大的发展，思维也较敏捷。但由于知识面窄、思维方式单一等，高职学生思考问题时缺乏灵活性和全面性，未掌握创新思维方法。

再次，想法创新，但缺乏创新技能。许多高职学生经过长期的脑力训练，在特定因素的诱发下会产生灵感，但缺少有效利用灵感的方法和技巧。要想使这些灵感变为现实，高职学生需要掌握一些必要的创新技能，而这正是我国高职学生因长期受应试教育的影响而缺乏的技能。创新技能的缺乏限制了高职学生创新能力的进一步发展。

最后，有创新热情，但创新精神不佳。高职学生通过自主学习和教师的引导，有了一定的创新热情。由于缺乏广泛的沟通和对社会的全面了解，一些高职学生的创新目标不够明确。许多高职学生虽然不满足于现状，但往往缺乏开展创新活动以改变现状的信心。另外，很多高职学生也缺乏创新的毅力，他们虽然能认识到毅力在创新活动中的重要性，但在实际学习、工作过程中往往虎头蛇尾、见异思迁。

针对以上情况，除了学校与企业等方面需要做出诸多努力之外，学生自身也要认识到创新能力的重要性，并为了在校企合作协同育人中尽可能多地提升自身专业能力，着重对自身的创新能力进行训练与提升。

（三）高职院校学生创新能力自我提升路径

思维是行动的先导，只有思维指向准确，才能确保行动破冰，因此，提升创新能力的前提与关键在于创新思维。用创新思维思考能突破常规思维的界限，以超常规甚至反常规的方法、视角去思考问题，提出与众不同的解决方案，从而产生新颖的、独到的、有社会意义的思维成果。

在岁月的长河中，古今中外的诸多名人都提出过关于创新的言论，这充分证明了创新思维的重要性。例如，我国古代重要典籍《诗经》就有"周虽旧邦，其命维新"的说法，揭示了创新的重要作用。亨利·福特曾说："不创新，就灭亡。"托马斯·彼得斯曾说："要么创新，要么死亡。"只有心理层面具有丰富的创新思维，才能够促进个体将关于创新的设想和构思转化为现实，从而实现相应领域的创新。

因此，创新思维相当于人类从事创造性活动的重要基础，是一切创造原理和创造技法的源泉。纵观历史，人类的一切成果无一不是创新思维的结果。

从实践的视角来看，高职学生想要丰富自身的创新思维，就必须从形象思维、发散思维、逆向思维、联想思维、整体思维等方面来入手。提升和扩充上述思维的过程，便是自身创新思维能力有效提升的过程。创新能力提升的内容如图 5-4 所示。

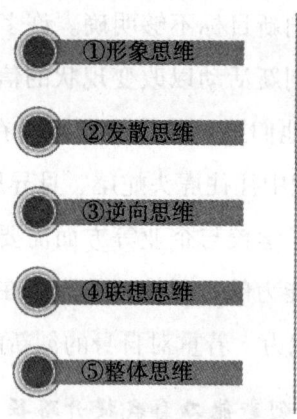

①形象思维

②发散思维

③逆向思维

④联想思维

⑤整体思维

图 5-4　创新能力提升的内容

1. 形象思维

形象思维，指人们在认识世界的过程中，对事物表象进行取舍时形成的思维，是指要用直观形象的表象解决问题的思维方法。形象思维是在对形象信息传递的客观形象体系进行感受、储存的基础上，结合主观的认识和情感进行识别（包括审美判断和科学判断等），并用一定的形式、手段和工具（包括文学语言、绘画线条色彩、音响节奏旋律及操作工具等）创造和描述形象（包括艺术形象和科学形象）的一种基本的思维形式。形象思维具有形象性、非逻辑学、粗略性、想象性等特点。在形象思维的影响下，主体能够对事物进行具象化、直观化的思考和探索，能够更加清晰地反映问题和解决问题。

2. 发散思维

发散思维，也被称为辐射思维、放射思维、扩散思维、求异思维，指大脑在思考问题时所呈现出的一种扩散式的思维方式。发散思维是一种外向性、扩张性的思维方式，思维的"网络"和"脉络"呈现放射状，能够与本问题之外的其他问题和信息取得一定的连接。发散思维具有流畅性、变通性、独特性、多感官性的特点。流畅性说明发散思维可以自由发挥、天马行空，迅速生成许多思维的分支；变通性说明发散思维能够克服人们头脑中为自己在无形之中设定的框架，从而找到一种新的思考方向；独特性说明发散思维能够帮助人们产生不同于他人的新奇思维和想法；多感官性说明发散思维不仅运用视觉思维和听觉思维，而且也充分利用其他感官接收信息并进行加工。

提升发散思维能力有助于主体产生创新思维。在校企协同实践的具体过程中，学生巧妙运用发散思维，能够打破传统思维定向、单一、僵化、封闭的固有模式，而主动探寻专业技能之外的其他领域的内容，并且将这些外在的内容与本专业有机结合起来，为自己带来新的启发。

3. 逆向思维

逆向思维，也被称为求异思维，简单来说就是反过来思考。一般情况下，人们习惯于用同样的方式思考问题，这种思维方式往往是单向的，长此以往，不利于突破固有的思维。逆向思维要求主体从常规思维相反的方向开始思考问题。从问题的相反面进行探索，往往能够产生新的思想，从而找到全新的解决方法。

逆向思维具有普遍性、批判性、新颖性。普遍性指逆向思维在各领域、各活动中都有适用性，它的作用和规律相当普遍；批判性指逆向思维与传统思维相反，敢于打破常规，敢于破除思维定式；新颖性指逆向思维与传统思维方式明显不同，思路新奇、克服障碍，给人以耳目一新的感觉。

逆向思维有助于高职学生产生创新思维。在实习实训的过程中，要经常运用逆向思维。每当遇到问题时，要善于思考，除了从传统思维方向出发之外，也要学会从相反的方向进行思考，或许这种逆向思维能够帮助我们迅速突破思维的瓶颈，从而获得新的思路。例如，高职学生对于某一个工作领域中的某一个实践手法感到困惑，经过很长时间思考也无法理解其中的含义，这时可以尝试运用逆向思维，反其道而行之，或许关于相关问题便可以豁然开朗。

4. 联想思维

联想思维，指人脑记忆表象系统中，由于某种诱因导致不同表象之间发生联系的一种没有固定思维方向的自由思维活动，主要思维形式包括幻想、空想、玄想。其中，幻想，尤其是科学幻想，在人们的创造活动中具有重要的作用。

联想思维的基本形式包括接近联想、类比联想、对比联想，这三种形式有所不同，但是同属于联想思维之下。接近联想，是由一件事物联想起与之相似、相近的事物；类比联想，是对某事物的感受引起对与其在性质或形态上相似的事物的联想；对比联想，是由某一事物引起主体关于与之相反事物的联想。

参与实习实训的高职学生要善于运用联想思维，以联想思维促进创新思维的提升；要让大脑始终处于比较活跃的状态，以自己所进行的专业操作作为"基点"，由此开始进行联想。高职学生可以对企业内其他岗位操作手法展开联想，也可以对非本行业本领域的其他事物展开联想，总之，要有比较宽广的联想空间，给想象插上"翅膀"。学生通过大量的联想，必然会为自身提供某些值得借鉴的思路和启迪，从而促进创新思维的产生。

5. 整体思维

整体思维，也被称为系统思维，这种思维方式早期出现于华夏大地，与我国传统的"大一统"思想具有密不可分的联系。例如，我国传统中医的"头痛医脚"便是整体思维的佐证。整体思维强调"整体"二字，要求把个体的问题放置于更大的环境中进行考察和探索，认为万事万物都处于普遍联系之中，任何事物都时刻与其他事物发生关联。例如，我国传统的易经阴阳五行八卦都是遵从整体思维而产生的重要哲学范畴。

整体思维在辩证逻辑中属于一种独立的思维方式，其主要包含三种原则，分别为连续性原则、立体性原则、系统性原则。在这三种原则的要求和限制下，整体思维对于人类思维方式的发展与进步产生了重要影响。

实习实训的高职学生要善于运用整体思维，在实践中，既要着眼于当下所进行的实践操作，同时还要考虑自身所处岗位对于整个企业具有怎样的作用和意义，在整体的视角来考察企业的运作模式。另外，当遇到岗位实践的困难时，不要总是局限或拘泥在某一个小的领域，要让自己"跳"出来，运用整体思维，从全局视角来审视自己存在的问题，从而提高解决岗位相关问题的效率。

第六章　产教融合理念下校企合作人才培养评价体系构建

第一节 评价体系的现实意义与可行性

一、评价体系的现实意义

在教育教学领域，评价体系具有举足轻重的作用，缺乏评价体系，教学过程则将存在缺憾。产教融合与校企合作虽然不同于常规的高职教学，这种校企协同育人的模式具有很强的现实性与实践性，但是其对于人才培养过程进行评价的紧迫性却与常规高职教学是一致的。

可以说，对于校企协同育人模式来讲，教学评价是任何一位教育工作者与相关行业工作者都不应忽视的关键性环节。评价体系具有多重意义，具体体现在以下方面。

（一）有利于校企双方全面科学掌握学生的学习与实践情况

构建校企合作人才培养评价体系之后，校企双方均可以通过评价活动全面掌握学生在学校的学习情况与学生在企业的实习情况。这是因为，评价体系普遍表现为一个复杂的综合体，除了包括校企日常对于学生的观察之外，还包括比较科学而全面的考核，每当一段时间的学习和实践结束之后，都会由专门人员对学生进行考核。

通过考核，校企双方能够对学生目前的各项能力指标一目了然。无论是学生的优势还是劣势，都会直接体现在校企双方的负责人面前。例如，在人才培养评价体系中，由专门的负责人员对其所带领的部分学生进行阶段性成果验收，包括展示实践能力、展示机器操作能力、展示协作能力等。又如，学校教师会对学生日常表现进行打分，包括基础课程的考试成绩、专业课程的考试成绩，当然也包括与专业相关其他能力的成绩等。综合各种因素之后，校企双方就能够获得每个学生全面而准确的信息，科学地掌握学生的学习与实践情况。

（二）有利于校企双方制定更加符合实际的培养方案

校企双方通过观察、考核、交流等多种评价方式全面了解高职学生的学习与实践情况之后，还可以根据评价体系获得的这些数据，对今后的校企合作人才培养方案进行进一步发展与创新。

只有在大量可靠数据的支撑之下，培养方案的创新才有据可循，才能在更高程度上确保方案创新的有效性。假如通过评价体系得知，多数学生在某一岗位的实践中存在问题，那么之后的校企协同实践教学中，即可针对这一环节加大培养力度，或适当变换培养模式，如调换实践顺序、更换培训专员、适当降低岗位工作难度与减小工作强度等。总之，评价体系获知的各项信息，可以作为今后实践教学中的重要参考，为人才培养方案提供贴合实际的遵循与依据。

（三）有利于调动高职学生的积极性与主动性

校企合作协同育人评价体系有利于充分发挥高职学生在评价中的主体性。在整个评价过程中，还可以让高职学生积极主动地开展自我评价。自我评价具有与他人评价同等重要的意义，是很重要的环节。

古希腊哲学家苏格拉底曾说"认识你自己"，这包括认识自己的现状和未来，发现自我潜能和奋斗目标。因此，对高职学生的评价的根本受益者，恰是评价对象自身。对高职学生评价，有助于高职学生了解自己的学业成绩、学业价值、实践水平、全面素质养成的状况，既能为发展其价值观和潜能提供依据，又能为判断其学业水平、就业能力提供证据。也就是说，评价可使被评价者认识自己的人生价值之所在，从而强

化自我意识，促使其自我激励、自我调控、自我促进。

二、评价体系的可行性

校企合作人才培养评价体系具有极强的可行性，其可行性与学生、学校、企业等多方面因素息息相关。

（一）学生

高职院校的学生普遍学习成绩稍弱于本科院校的学生。

不过，经过系统性的实践能力培养，高职学生在动手能力和实践能力方面将获得显著提升，这也是他们今后进入社会的竞争力所在。而高职学生实践的水平需要以评价的形式体现出来，换言之，没有评价体系，校企管理者就无法准确把握高职学生对专业知识与实践能力的掌握情况，因此，校企合作需要构建科学合理的人才培养评价体系。

（二）学校

在校企合作人才培养的过程中，学校是双元主体中最为重要的角色，因此，必须要确保高职院校的教学与管理合规合理，并且对于那些不合时宜的制度、措施，要适当予以修正，以促进校企合作人才培养取得更好的实际效果。这就要求构建起校企合作人才培养评价体系。通过评价体系，校方可以了解学生受教育和培训的具体情况，通过学生的表现来判断校企合作相关方案是否科学。假如学生在实习中出现问题，教师可以将评价体系中体现出的问题作为突破口，以此推断出现该问题的原因，如果症结在于学校，那么要及时予以上报和调整。可见，学校在配合开展校企合作人才培养的过程中，需要依赖相应评价体系的准确反馈，通过反馈情况，促进学校相关制度不断完善和发展，从而推动校企合作人才培养事业稳步前进。

（三）企业

企业是校企合作协同育人进行实习实训的主要场所，多数的实训基地均建设于企业中，即依托企业平台建设大型基地。但是，部分企业由于缺乏经验或校企合作的内驱力不足，在具体的实训过程中参与程度不高，校企合作也难以获得较高的收益。

这一切都将通过校企合作人才培养评价体系的最终结果体现出来，校企双方则可以根据该结果对企业未来的实训方案进行调整。可见，为了确保企业在校企合作协同育人中始终发挥积极作用，始终为学生群体提供广阔的实训平台，就必须要有科学合理的人才培养评价体系作为基础与保障。

第二节　评价体系的创新发展原则遵循

校企合作评价体系创新发展的原则遵循如图 6-1 所示。

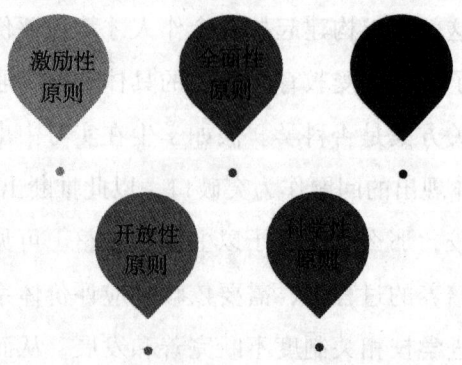

图 6-1　校企合作评价体系原则遵循

一、激励性原则

激励性原则，本指教学评价以学生的发展为目的，根据学生的具体情况，采取各种方式激发学生内在的需要和动机，使学生的态度情感、人格处于并保持积极、活跃、协调状态，增强成功的愿望，从而调动学生积极性。此处要遵循的激励性原则，特指校企合作人才培养评价体系要具有一定的激励性。要始终明确评价不是目的，通过评价找到问题并解决问题，最终推动校企合作人才培养事业不断向前发展才是重中之重。

评价要突出学生的特长与优势，要着重激发每一个个体的内在潜能，帮助他们树立自信心，全力发挥学生的优势与长处。要注意全面收集评价信息，对评价结果全面审查，避免一叶障目，只关注评价结果的某一方面。

处理评价结果时需要慎重，着重发挥评价的积极作用，正确地对待考核，充分发挥评价的改进与激励等积极性功能，从而为高职院校学生群体提供具有一定现实价值与意义的意见或建议。

遵循激励性原则需要注意以下两方面问题。一方面，要格外关注个体差异。"世界没有任何两片相同的树叶"，任何人都是独一无二、与众不同的，无论是校方还是企业都要承认个体的差异，杜绝所谓的"一视同仁"，要尽可能地实行因材施教，考虑学生个体的具体情况。要及时发现不同学生在学习和实践过程中所表现出来的优点或缺点，促使他们主动扬长避短。例如，不同学生的优势方向有所不同，即使在同一个专业方向，他们在具体的岗位所表现出来的天赋也可能不同，在某一岗位缺乏天赋并不意味着学生在其他岗位也无法做好。所以要彻底转变"一刀切"的观念，评价时必须要"因人而异""因材施评"。另一方面，公平客观地评价学生。在激励评价时，评价者对于被评价者所产生的心理层面的影响十分巨大，成功的评价会对他们产生积极的作用，而失败的评价则会影响他们前进的动力。因此，必须要始终保持公平客观。

二、全面性原则

全面性原则，指校企合作人才培养评价体系的构建需要考察多方面因素，既要调查学生在学校的受教育情况，也要实地调研学生在实训基地等场所的实践情况。

（一）综合评价

在构建评价体系时，所涉及和涵盖的内容也应丰富全面，要对学生的各项能力指标进行全面评价，从而获得准确的结果，作为今后校企协作育人改进与创新的根据。要全面评价学生的各项指标，如学生在实训基地顶岗实习的具体情况，包括他们在岗位上所取得的成绩、在岗位上所出现的疏漏、是否完成企业所制定的既定目标等，这些指标都将作为评价的依据，而不是只针对其中某一方面进行评价。

要在动态中进行评价。实习实训并非是一天两天就能完成的活动，有些学生在刚刚步入岗位时表现不尽如人意，但是经过一段时期的"恶补"，他们自身的专业水平与操作能力已经获得明显的提升，这时管理者要杜绝以"老眼光"看待学生，而是以动态的观念分析学生的能力与水平，从而给出更加全面的评价。

（二）多角度评价

在评价体系的整个流程中，校企双方都要注重多角度评价，尽量做到全面、客观、科学、准确，防止出现以偏概全和主观臆断；坚持素质、质量、行为和效果辩证统一的全面性评价，突出职业素质和职业技能的评价；既要对学生的理论知识素质、道德文化涵养进行评价，也要对他们的实际操作能力与岗位上手程度等实践性的指标进行评价，具体包括通识知识、专业知识、动手能力、创作能力、实践能力等。总之，多角度、多维度地评价才能更加客观和全面。

三、发展性原则

发展性原则，指评价体系要具备一定的动态性，要以与时俱进的理念作为指引，不要以固有的、僵化的观点看待问题，而是要以动态、变化的观点看待问题。总之，评价应遵循发展性原则，将评价过程转变为培养过程，要努力实现评价主体的动态组合，努力实现评价内容、评价主体、评价手段方法的动态发展。

四、开放性原则

校企合作人才培养与传统的高职教育有明显不同。在传统高职教育中，由于学校相对来说是一个封闭的单元，学生的绝大多数学习活动都是在校园内部所进行的，因此当时的评价体系较为封闭，是针对校内所进行的评价。如今的校企合作主张将学院与企业连接成为一个集体，那么此前的评价体系便不再适用。

在校企合作的模式下，校园是以一种开放的姿态而存在的，高职院校在政府和有关部门的统筹之下，与企业建立密切联系。学校不再是一个封闭的独立个体，而是时刻与其他主体处于交流的状态下。

因此，校企合作人才培养评价体系也应具备一定的开放性，要注重多种评价主体的综合信息反馈，如实习单位的评价等。只有秉持开放性原则，才能全面了解时下校企合作事业的优点与缺点，并进行针对性的调整。

五、科学性原则

科学性原则，指一切活动必须在科学决策理论的指导下，遵循科学决策的程序，运用科学思维方法来进行决策的行为准则。它的主要特点是信息全面、迅速、准确；预测科学、及时、正确；方向正确、目标明确；方案齐全，相互独立；论证充分，分析恰当；实施步骤清晰、有度；责任明确，要求具体；调控得当，反馈及时。

将科学性原则应用于教学评价体系中，就是要用科学的理论和方法来指导整个教学评价工作，统摄以上多种原则。要完善人才培养方案，明确具体培养计划，按照既定目标与步骤，进行有条理的实训实践评价。

第三节　评价体系的完善化构建途径

一、树立多元的高职评价理念

高职教育评价是高职教育事业中的重要一环，合理的评价制度是对高职教育相关各项活动的整体性分析与考察。进行高职教育评价，既有利于学校领导对高职教育进行反思回归，也有利于学校针对目前教学中存在的疏漏制定针对性的举措。

事实上，无论是高职教育还是普通的高等教育，教学评价都是不容忽视、不可或缺的必备环节，只不过相较于普通高等教育而言，高职教育的评价体系应当有所不同。普通高等教育的评价重点往往放在学生群体的文化知识素养方面，而在高职教育中，总体评价的标准应强调综合素质。由于职业教育的特殊性，对于高职学生群体学业成绩与实践实习成绩的考核标准也应突出对于高职学生实际应用能力和综合素质的全面考核。无论学生自身是否具有就业于本专业对口岗位的想法，都需要着重提升其专业相关能力，而学院的评价体系也要始终围绕这一方面。

如今随着我国高等职业教育改革不断深化，社会对于高职学生所提出的要求也越来越高。

可见，对于高职学生来讲，综合素质尤为重要。这就要求高职院校随着政策与社会的变化，转变传统高职教育评价理念，树立多元的高职教育评价理念，要比以往更加重视培养高职学生的综合素质。

二、树立科学的市场评价意识

高职教育最大的特点就是与行业、市场联系十分紧密，在某种意义上，高职教育就是为市场繁荣和发展而进行的一种特殊形式的教育。

校企合作人才培养是将学生置于更大的市场环境中的一种实践与学习相结合的教育模式，在这样的体制下，学生不仅能够学习丰富的理论知识，还能够通过广泛的社会实践与技能训练，来提升自身专业素养。同时，随着专业水平不断提高，以及自身对于市场感悟能力的提升，学生往往会对本专业相关的市场产生新的看法，这使得他们将来在行业市场中具有更加敏锐的"职业嗅觉"。这表明，校企合作人才培养既是学校与企业协同育人的过程，又是学校、企业、市场共同影响学生的过程。

因此，对参与校企合作协同培养的高职学生进行评价时，必须要转变评价观念，要树立市场评价意识，将市场纳入评价体系之中，让评价体系更具科学性与现实性。

三、制定多样的人才考核办法

无论是高职教育还是普通高等教育，校方对于学生群体所进行的定期或不定期考核都是必不可少的。通过合理的考核安排，教师能够获知学生对于知识的掌握情况，从而做到"心中有数"，不仅能够对学生进行准确评价，还能够更加贴合实际地制订接下来的教学计划，从而有效提高教学质量。高职院校校企合作的参与主体比较复杂，包含的主体较多，同时，高职院校专业众多，不同专业的侧重点也各有不同，所以对于高职学生的考核办法也应多样化。

人才考核办法是丰富发展学生评价体系的重要组成部分，考核的主导方应当由校领导、实习厂的技术人员共同组成。考核的内容要多样化，包括基础课程理论知识、专业课程理论知识、专业课程实践能力、动手能力、创新能力、协调能力、组织能力、执行能力、安全意识、职业态度等。考核时还应当注意如下方面：要注意教育教学实践的过程管理，确保各环节衔接得当、步骤清晰；要保证考核评价内容的全面性、实践性、先进性、多样性、灵活性、客观性；要保证考核结果的公平性、公正性；要注重现场考核，尽量避免传统考场考试，而是要将学生的实践操作"摆在明面"，通过实时观察的方式来考核。

总之，由于高职学生自身的特殊性，必须要对其制定多样的考核办法，只有这样才能确保评价结果更加准确，从而促进校企合作人才培养评价体系不断完善、不断发展。

第七章　总结与展望

第一节 总结

一、校企合作人才培养成效卓著

职业教育校企合作办学是职业院校与企业之间跨主体、跨领域、跨情境、跨学科的协同育人工程。深化产教融合、校企合作是推动我国职业教育科学发展，提升其在新时代社会服务能力的必由之路。《国家中长期教育改革和发展规划纲要（2010—2020 年）》《国务院关于加快发展现代职业教育的决定》《现代职业教育体系建设规划（2014—2020 年）》等文件均对校企合作办学提出了明确的要求，党的十九大报告更是将"深化产教融合、校企合作"提升到了实现我国教育强国关键举措的重要高度。

近年来我国职业教育校企合作办学在办学地位提升、法律体系构建以及办学形式完善等方面均取得了不俗的成绩，可谓成效卓著。随着我国产业结构的转型升级和职业教育供给侧改革的深入推进，政府、行业、企业、职业院校等利益相关方对通过深化职业教育校企合作办学推进人才培养质量提升，满足行业企业对人才的需要提出了更高的要求。在新的历史时期进一步探索并推进校企合作办学模式的实质性改革已成为职业教育的焦点。

近年来，在社会各界的普遍重视尤其是政府的强力推动下，我国职业教育校企合作办学取得了令人瞩目的成绩，为推动经济社会发展起到了重要的作用。

第一，职业教育校企合作办学得到了前所未有的重视，校企合作办学的地位空前提高。《国务院关于大力发展职业教育的决定》《国家中长期教育改革和发展规划纲要（2010—2020 年）》《国家教育事业"十三五"发展规划》《现代职业教育体系建设规划（2014—2020 年）》等文件中都将职业教育校企合作办学提高到了重要的地位。

第二，职业教育校企合作办学的法律体系基本构建。早已颁布的《中华人民共和国教育法》《中华人民共和国高等教育法》《中华人民共和国职业教育法》和《中华人民共和国劳动法》等为职业教育校企合作办学提供了强有力的法律法规保障，《职业学校校企合作促进办法》等法律法规也为职业教育校企合作办学提供了更加聚焦、更加细化的法律保障。

第三，职业教育校企合作办学的形式日趋完善。厂中校、校中厂，订单班，理事会下校企共建二级学院，产教联盟（职教集团），混合所有制，现代学徒制等反映职业教育校企合作办学不同历史阶段特点和要求的办学形式逐渐丰富。众多高职院校在地方政府的指导下，结合自身办学实际与相关行业企业掀起了一轮又一轮的校企合作办学热潮。

二、校企合作人才培养回顾反思

纵使我国在产教融合校企合作人才培养领域已经取得诸多成绩，在法治层面、社会层面等诸多层面大大提升了职业教育的含金量与地位，但是，毕竟我国校企合作人才培养机制起步较晚，在某些层面仍然需要完善。只有科学合理地对校企合作人才培养事业进行回顾与反思，才能够确保该项事业今后攻坚克难、稳步推进。目前我们所面临的困境主要体现在以下两个方面。

（一）高职院校校企协同人才培养激励机制有待完善

从宏观层面来看，一些企业对校企协同人才培养的参与程度与参与热情不高，即使是与高职院校建立合作关系，也只是依赖私人关系建立，而随着"熟人关系"发生改变，这种合作模式将荡然无存。同时，有些企业领导者对于学生的专业能力缺乏信心，认为他们即使进行相关训练，也仍然缺乏经验，在岗位上的应变能力、实操能力都不够强。因此，企业为了更多地保留自身利益，不愿与校方共同商讨构建激励机制，致使高职院校校企协同人才培养激励机制有待完善。

（二）高职院校校企协同人才培养创新机制有待完善

部分高校和企业的人才培养流于形式，企业并没有完全参与高职人才培养的全过程，只是处于被动地位，被动地为高校提供专业相关的实训平台，过于应付导致人才培养并不深入。这使得校企合作人才培养活动缺乏校企资源平台互动共享的创新机制，也使得培养活动缺乏以项目为依托的双赢驱动创新机制，总之，不利于校企人才培养深度创新与优化。

第二节　展望

一、信息技术助力校企合作人才培养

20世纪后半叶至今，世界各国相继进入信息时代。信息时代是随着计算机的出现和普及而逐步深化的。在信息时代，计算机技术与网络技术迅猛发展，人们获取信息的渠道变得更多，速度也更快。在这样的时代，许多先进的科学技术乘势而上，快速发展。在教学领域，我们以往的教学观念与教学方式也应当随之发生变化，以顺应时代发展的潮流。许多高精尖的科技产物都可以运用于教学活动，成为教学的实际辅助手段，而信息技术与当代高职院校校企合作人才培养的融合，无疑是教学创新融合的可行方案。

（一）信息技术助力校企合作人才培养事业的意义

1. 信息技术有助于拓宽教学内容

信息技术能够高效管理各种信息，实现信息的快速采集与运用。依靠信息技术的高效性与广泛性，对于高职教学有极大的帮助。一方面，运用信息技术可以更加快速和全面地吸收外界的其他信息，能够让高职教师收集大量专业相关的知识，作为今后的教学内容，为教学活动提供充足的灵感；另一方面，教师运用信息技术获取新资源，将其应用在实际教学活动中，能够增加学生的知识积累。例如，高职教师可以在课堂运用信息技术，让学生更加真实、更加直观地对专业相关知识内容进行感知。又如，企业培训专员在带领学生参观企业以及进行实训时，能够以信息化的设备来为培训活动助力，既减轻自身培训压力，也具有一定的趣味性。

2. 信息技术有助于丰富教学方式

在信息时代到来之前，教学以面授为主，教师在讲台上单向地向学生"灌输"知识。这种教学模式比较僵化，教学手段也比较单一，虽然在一堂课中教师能够充分表达自己的教学理念，但是对于学生而言，其对于知识的吸收和转化的比例却比较低，简言之，即教学效率比较低。信息技术与高职教学的融合则巧妙解决了这一问题，信息化教学极大地丰富了以往的教学方式。

3. 信息技术有助于知识交流整合

任何一名高职学生都会在学习的过程中不断充实自己的知识储备，但是由于每一个个体的生活经历、领悟能力都有所不同，所以每一个人关于自身专业的天赋、潜能也存在明显的差异。将信息技术与高职教学巧妙融合，构建信息化互联网交流平台，学生、教师、企业培训专员都可以在这一基础上随时随地进行交流，任何人发现优质的资源都可以互相分享，即使是内在于每一个个体的"隐性知识"，也能在一定程度上影响他人，促进其他同学在更宽广的知识结构体系中"充电"，从而实现知识的交流与整合。

（二）信息技术助力校企合作人才培养事业的措施

信息技术与高职院校校企合作的融合是一个漫长的过程，教育领域的管理人员与各专业的一线教师都应提起高度重视，力图实现信息技术与高职院校校企合作的完美融合，从而为当代高职教育教学创新产生积极的推动作用。

1. 录制大量影音视频文件，用以丰富教学内容

在授课开始之前，高职教师都会预先制定教案，包括教学目标、教学方案、教学计划、作业布置等内容，这些便是一堂课的大致内容。随着学科不断发展、信息技术不断完善，课程也在发生微妙的变化。按照原来的授课方式，课堂中所能够传授给学生的内容也就局限于这一体量，无法再进行扩充。而对于某些专业天赋较高的学生而言，他们已经完全消化吸收教师所讲授的知识，也就是说有一部分时间他们在"重复学习"，显然这样的课堂内容对他们来说并不充足，这也就限制了他们专业水平进一步提升。还有些学生基础比较差或领悟能力欠缺，他们虽然在课堂上认真听讲，却并未将知识吸收，由于课堂时间有限，教师还要照顾多数同学，他们就很容易积攒越来越多的疑问，以往的困难无法快

速解决。同样，企业实训的过程中也会出现这样的情况，有时部分学生无法真正领会企业培训专员所讲解的内容，可是一般培训活动只是"一带而过"，学生即使"不明就里"，也无法"刨根问底"，这就导致问题挤压，限制了学生专业能力的提升。

信息技术则能够轻松巧妙地解决上述问题。一方面，可以利用信息技术将教师的授课活动记录下来，制成视频或音频，以供学生在课余时间反复观看，在观看过程中，学生就能够不断充实自己的知识体量；另一方面，教师还可以为成绩比较突出的学生单独录制课程视频，帮助他们更好地提升自己的技巧。此外，企业也可以单独录制培训录像，内容包括相关设备的具体操作指南、专业技术提升途径等。总之，这都属于授课内容的一种延续与发展，是信息技术与高职院校校企合作实践相融合的可行方案。

2. 实现网络交流，在线答疑解惑

信息技术与高职教学融合，能够让教师或企业培训专员"在线"为学生解答问题。高职教师可以利用信息技术，在互联网上与学生建立联系。例如，教师可以对学生进行互联网远程辅导，当学生有问题时可以在网络上向教师请教，事实上，这种方式也更加便捷，教师能够十分轻松地为学生发送有用的学习资料，帮助他们解决问题。又如，学生也可以将自己对于本专业内容实践的音频或视频通过网络发送给教师和培训专员，令其进行品评，如果说学生自己难以发现自己的问题，那么当教师或培训专员仔细观看资料后，则能够清晰地指出学生的不足之处，为他们解答问题。

3. 创建网络门户，推广实时资讯

在新时代，任何领域、任何行业都处于快速发展与变动之中，教育教学领域同样如此。如今的高职教育与21世纪之前的高职教育也存在许多明显的差异。虽然在常规的理论课堂上，教学内容大同小异，但是许多行业的发展走向已经有所不同，所产生的流派也是越来越多。针对这种情况，了解更多关于高职教育教学创新的实时资讯，掌握行业相关的实时动态，具有一定的现实意义。

以信息技术为平台，创建网络门户，也就是构建高职院校校企合作相关的网站或开设相关的论坛，并邀请学生全部参与其中。每当业界有新的动向，或者在相关领域出现明显的变化与革新时，院校与企业都可以及时把握，将这些资料分享给学生，让他们摆脱"闭门造车"的传统学习模式，而是与时代接轨，瞄准时代发展的"脉搏"，这对于培养他们的专业嗅觉具有积极的帮助。例如，教师可以把目前比较新颖的专业知识或专业技巧通过交流网站推送给学生。又如，企业可以在网络开办小型的专业知识论坛，在闲暇时间与学生利用论坛广泛交流与沟通，既拉近了彼此之间的距离，又分享了专业领域的相关知识，起到了增强专业培训效果的作用。

二、微课助力校企合作人才培养

微课是信息时代下以互联网技术为支撑迅速发展而成的一种数字化资源体系。微课与传统课堂有很大不同，无论是教学形式还是课程构成都别具新意，成为如今教学形式创新的重要方向。

（一）微课简介

微课最早出现于西方国家。2008 年，基于微视频发展背景，美国戴维·彭罗斯（David Penrose）教授提出微课概念，并开创设计了一分钟课程，它以短时求知欲和注意力集中使学习体验聚焦，被称为知识脉冲。

近年我国学者对于微课也有一定的研究，对于微课的概念，虽然目前学术界还没有十分权威的界定，国内学者的言辞描绘有所不同，但是

241

表达的要义和内涵基本相似。微课指遵循认知规律，基于教学设计思想，利用多媒体技术，以视频、软件等为载体，就某个知识点或教学环节进行针对性讲解的数字资源，即围绕此展开的简短、完整的教学活动，时下流行的一种信息化教学方法。

微课短小精悍，使用灵活、生动有趣、指向明确、主题突出、教学精简，可以激发学生学习兴趣，突出教学重点，使教学内容具体化、形象化，降低学习难度，提高教学效率，实用性很强，可以很好地满足学生现代化学习需求。

微课只讲授一两个知识点，没有复杂的课程体系，也没有众多的教学目标与教学对象，看似没有系统性和全面性，许多人称之为"碎片化"的教学方式，但是微课是针对特定的目标人群、传递特定的知识内容的，一个微课自身仍然需要系统性，一组微课所表达的知识仍然需要全面性。微课的特征如表 7-1 所示。

表 7-1　微课的特征

主持人讲授性	主持人可以出镜，可以画外音
流媒体播放性	可以视频、动画等基于网络流媒体播放
教学时间较短	5—10 分钟为宜，最短 1—2 分钟，最长不宜超过 20 分钟
教学内容较少	突出某个学科知识点或技能点
资源容量较小	适于基于移动设备的移动学习
精致教学设计	完全的、精心的信息化教学设计
经典示范案例	真实的、具体的、典型案例化的教与学情景
自主学习为主	是供学习者自主学习的课程，是一对一的学习
制作简便实用	多种途径和设备制作，以实用为宗旨
配套相关材料	微课需要配套相关的练习、资源及评价方法

根据不同的划分依据，微课可以被分为不同的类别。主要的划分依据包括按照课堂教学方法分类和按照课堂教学主要环节分类。

按照课堂教学方法分类如图 7-1 所示。按照课堂教学主要环节分类如图 7-2 所示。

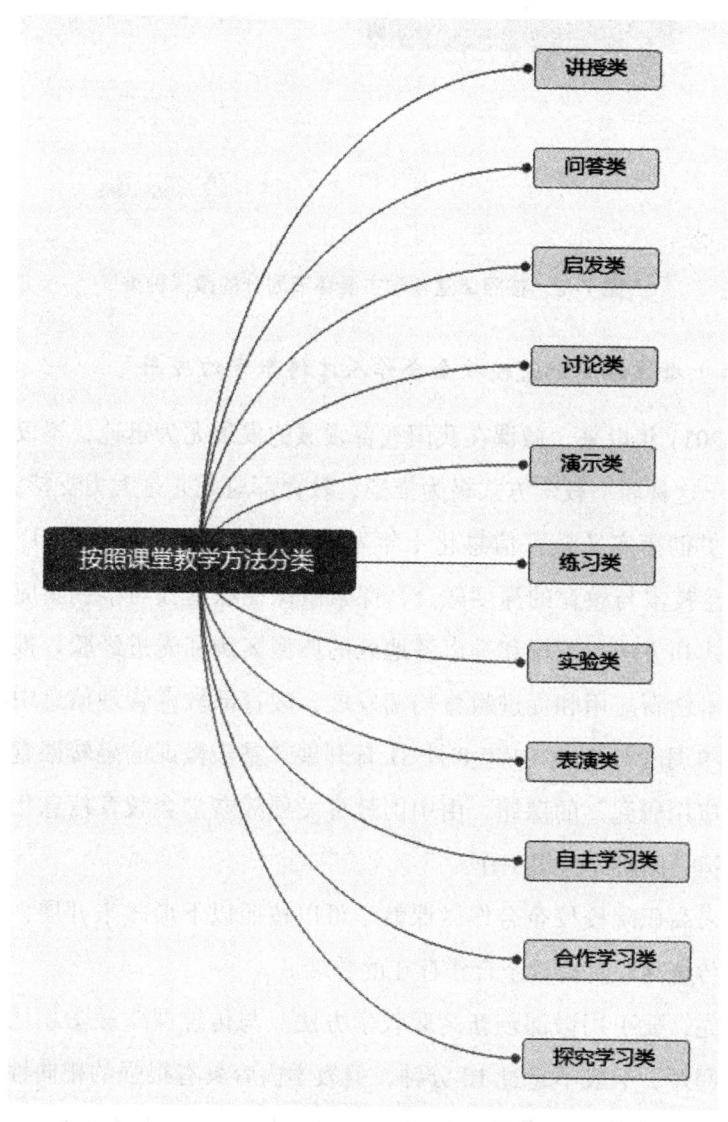

图 7-1 按照课堂教学方法划分的微课种类

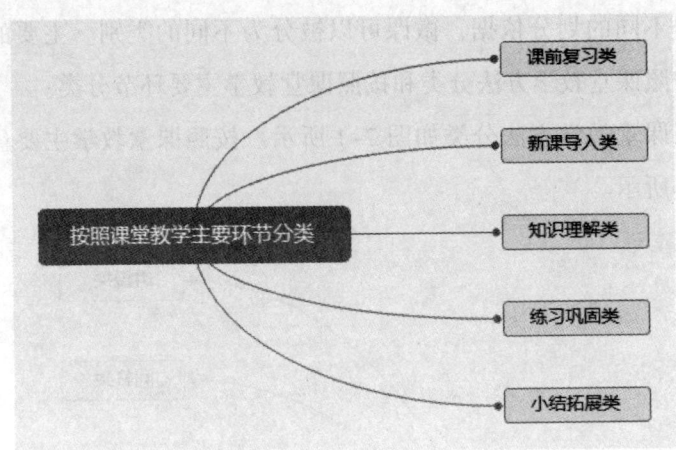

图 7-2　按照课堂教学主要环节划分的微课种类

（二）微课在高职院校校企合作人才培养中的应用

自 2011 年以来，微课在我国教育领域的发展尤为迅速，不仅各地区学校对于这种新型教学方式极为推崇，教育部对此亦是大力支持。例如，为深入贯彻落实《教育信息化十年发展规划（2011—2020 年）》，扎实推进信息技术与教育的深度融合，探索微课在课堂教与学创新应用中的有效模式和方法，挖掘和推广各地区的典型案例和先进经验，推动教育信息技术创新应用和促进教育均衡发展，教育部教育管理信息中心曾于2014 年 9 月 1 日至 2017 年 8 月 31 日开展"基于微课的翻转课堂教学模式创新应用研究"的课题，由中国教育发展战略学会教育信息化专业委员会承担具体研究组织工作。

未来高职院校校企合作微课教学可以按照以下形式来开展，从而有效解决传统高职院校校企合作存在的弊端。

首先，要引用微课创新高职教学方法。与传统课堂教学相比，微课教学时间短，一般不超过 10 分钟，但教学内容具有很强的靶向性，能够针对教学中的某一问题进行针对性指导。另外，虽然微课教学内容少，但是问题聚焦，主体十分突出，可以在短短 10 分钟内带领学生完成问题的发掘、分析和解决，在处理课堂教学中的疑难重点内容方面十分受用。同时，微课与互联网平台相连接，打破知识边界，有助于高职学生获取更大范围内的知识，开阔眼界，扩充自身知识体系。

其次，要依托微课变革高职课堂设置。传统高职课堂普遍为集体式、灌输式的授课模式，这种授课模式过于单调乏味，尤其是高职课堂面对的是高职学生群体，他们正处于活力最旺盛的青年时期，思想张扬、活跃、不拘一格，总是希望打破传统的格局。借助微课，则能够对课程设置进行优化。例如，借助微课的多重功能，对课堂设置进行丰富，开设翻转课堂，在翻转课堂中，学生可以通过互联网获取丰富优质资源，对于教师授课的依赖有所下降，这使微课在教学中的应用日渐变得现实可行。同时，在翻转课堂中引入自由讨论模式，学生可以畅所欲言、尽情发挥，这不仅有利于加强师生间的教学沟通，还有利于增进学生群体的互相了解，让学生在交流中分享各自的心得与体会，从而实现优势互补，共同提升各自的综合能力。

再次，利用微课丰富学习资源。将微课引入高职教学，需要获取大量有关的教学资源，以其作为支撑和基础。教师可以构建互联网微课资源库。为了方便教师和学生根据需要取用资源，做好模块设计十分必要。根据资源性质不同，可设计按照文字、图片、音频、视频检索的模式，方便师生按照需要查找和取用资源。根据资源内容不同，可对汇集的各项数据进行分类，亦可加入教学课程计划、重难点分析、常见问题纠错与改正等模块。

最后，企业培训专员学习使用微课软件，将行业岗位相关的实操过程与微课相结合，制成短小精悍的课程视频，以供高职学生观看学习。经过多次反复揣摩，学生就能够通过这些微课来获取关于岗位实践的有用讯息，从而切实提升自身专业操作能力。

三、智能设备助力校企合作人才培养

智能设备指任何一种具有计算处理能力的设备、器械或者机器。在信息时代，智能设备逐渐登上人们科技发展的"大舞台"。在科学技术的加持之下，社会中涌现出越来越多的新型设备，同时，许多曾经的传统设备也在新技术的支撑下展现出更多新的功能。如今，诸多行业为了实现更进一步的发展都在技术领域进行了一定的创新，大量引进智能设备。未来的高职院校校企合作人才培养的过程中，校企双方可以用智能设备来提升教学质量与培训质量。

（一）智能设备简介

智能设备是传统电气设备与计算机技术、数据处理技术、控制理论、传感器技术、网络通信技术、电力电子技术等相结合的产物，主要包括两方面的关键内容：自我检测是智能设备的基础；自我诊断是智能设备的核心。同时，智能设备也是一种高度自动化的机电一体化设备，由于其结构复杂，在系统中的作用十分重要，因此对智能设备的可靠性有很高的要求。元器件的可靠性、技术设计、工艺水平和技术管理等共同决定了智能设备的可靠性指标。提高设备的可靠性，必须掌握设备的失效规律，只有对设备的失效规律进行全面的了解，才能采取有效的措施来提高设备的可靠性。

（二）智能设备在高职院校校企合作人才培养中的应用

第一，实践教学。智能设备可以为学生提供更好的实践教学环境，让学生更好地了解实际工作中使用的技术和设备。高职院校可以与企业合作，共同建设实验室，提供实践课程和项目，让学生接触和操作各种智能设备，提高实践能力和技术水平。

第二，产学研合作。高职院校可以与企业合作开展智能设备领域的

研究项目，共同探索智能设备在生产和管理等方面的应用。这不仅可以提高学生的研究能力和科技创新能力，还可以促进产业升级和创新发展。

第三，课程设置与教材更新。高职院校可以根据企业的需求，更新课程设置和教材，注重智能设备的应用，培养符合市场需求的高素质人才。

参考文献

[1] 刘平雷，赵倩，周林，等.产教融合专业学位研究生教育的理论与实践 [M].南京：河海大学出版社，2022.

[2] 秦凤梅.职业教育产教融合质量评价探索 [M].重庆：重庆大学出版社，2021.

[3] 蒋新革.新时代高职产教融合路径研究：以"入园建院、育训结合"为特征的产业学院育人模式研究 [M].广州：中山大学出版社，2021.

[4] 柏芳燕.构建产教融合生态圈的研究与实践 [M].北京：中国原子能出版社，2020.

[5] 栾黎荔.产教融合色彩设计实践措施研究 [M].武汉：华中科学技术大学出版社，2020.

[6] 祝木伟，毛帅，赵琛.产教融合型实训基地建设与评价研究 [M].徐州：中国矿业大学出版社，2020.

[7] 王云雷.产教融合：中国职业教育发展的关键路径 [M].北京：团结出版社，2020.

[8] 唐新贵.基于互联网生态助推产教融合发展 [M].北京：中国财富出版社，2019.

[9] 王业琴，邬清海，周红标，等.产教融合背景下自动化专业建设改革与实践 [J].高教学刊，2023，9（5）：109-112.

[10] 吴元锋，鲍文娜，沙如意，等.基于 OBE 教学理念的生物工程专

业学生实践能力培养模式研究 [J]. 高教学刊，2023，9（5）：69-71，75.

[11] 罗美琴，宫涛，刘良 . 新时代高职院校校内实训基地建设研究 [J/OL]. 中 国 教 育 技 术 装 备：1-3[2023-04-20].http：//kns.cnki.net/kcms/detail/11.4754.t.20230215.1445.002.html.

[12] 戴冬香，胡建英，钟素平 . 产教融合视角下提升高职旅游"双师四能型"教师能力的路径 [J]. 学周刊，2023（8）：15-17.

[13] 林燕虹，李建国，黄春旭 . 产教融合视域下"设备管理与点检维修"课程标准研制 [J]. 南方金属，2023（1）：51-54，60.

[14] 宋超 . 产教融合背景下中职汽车维修专业教学体系革新策略 [J]. 专用汽车，2023（2）：101-103.

[15] 李东海，刘星，王鹏 . 人工智能赋能职业教育高质量发展的价值、挑战与创新路径 [J]. 教育与职业，2023（4）：13-20.

[16] 黄日成 ."一带一路"视域下民族地区职业教育产教融合国际化发展研究 [J]. 教育与职业，2023（4）：70-75.

[17] 陈灿辉 . 在中职计算机专业教学中渗透产教融合的理念 [J]. 学周刊，2023（7）：27-29.

[18] 杨华 . 高职服装设计专业人才培养方案改革探讨 [J]. 西部皮革，2023，45（3）：72-74.

[19] 闫雅雯，李冠杰 . 产教融合助推应用型高校财务管理专业数智化转型研究：新文科背景下 [J]. 现代商贸工业，2023，44（6）：158-160.

[20] 杜红艳，梁婧，张颖 . 产教融合背景下高等职业教育课程思政改革探讨：以"品牌管理"课程为例 [J]. 职业技术，2023，22（3）：102-108.

[21] 陈艳茜.“三高四新”战略背景下企业参与校企协同育人动力提升策略研究[J].职业技术,2023,22（3）:69-74.

[22] 陈忠伟.民办院校财经类专业校企合作人才培养模式创新研究:大数据背景下[J].现代商贸工业,2023,44（6）:110-112.

[23] 戴华.校企合作下产教融合机制及对策的实践探究[J].农机使用与维修,2023（2）:126-128.

[24] 朱斌.机电专业现代学徒制人才培养新模式实践探索[J].农机使用与维修,2023（2）:133-135.

[25] 娄山.对标产教融合要求的字体设计教学探讨[J].西部素质教育,2023,9（3）:174-177.

[26] 曹天杰.专业学位研究生实践基地建设问题与对策[J].科技风,2023（4）:71-73.

[27] 李哲,伍世英,李助军,等.产教融合趋势下一种双师工作室教师团队建设模式:以广州铁路职业技术学院为例[J].科技风,2023（4）:20-22.

[28] 张丽.产教融合背景下校企合作人才培养探索:以苏信海澜商学院人才培养为例[J].现代商贸工业,2023,44（5）:22-24.

[29] 阎品初,蒋绍妍.生态文明背景下高职污染修复与生态工程技术专业人才培养探索[J].科技与创新,2023（3）:150-152.

[30] 朱崇先,徐龙海,范保兴,等.基于养老服务人才培养的高职教育教师教学创新团队建设与实践研究[J].卫生职业教育,2023,41（4）:30-33.

[31] 李婷婷,段亚平,汤玉亮,等.贵州高职院校护理专业毕业生岗位胜任力情况调查分析[J].贵州中医药大学学报,2023,45（1）:99-103.

[32] 王厦.基于现代学徒制的新疆高职物流人才培养研究：以新疆应用职业技术学院为例 [J]. 物流工程与管理，2023，45（1）：160–162.

[33] 江琴英，江华燕.学前教育中高职衔接人才培养路径探析 [J]. 厦门城市职业学院学报，2023，25（1）：45–49.

[34] 张敏.高等职业教育改革背景下图书馆的转型与发展 [J]. 陕西教育（高教），2023（1）：85–87.

[35] 杨波，王丹萍.1+X 证书制度下"双证衔接、课证融通"人才培养模式的实践研究：以鄂州职业大学实施 1+X 证书制度试点改革为例 [J]. 鄂州大学学报，2023，30（1）：54–56.

[36] 韩秀枝，曹源，詹跃勇，等.高职院校"三阶三融四贯穿"创新创业教育课程体系研究 [J]. 现代商贸工业，2023，44（3）：113–115.

[37] 王旖，周豫湘.高职院校餐饮类专业"乐业教育"人才培养模式创新与实践：以长沙商贸旅游职业技术学院为例 [J]. 创新与创业教育，2022，13（6）：98–102.

[38] 彭正海，湛斌.创新创业学院视域下高职院校创新创业教育发展探索：基于四所高职院校的调查研究 [J]. 山西青年，2023（1）：121–123.

[39] 李玲，雷翔霄，唐春霞，等.高职扩招背景下产学研一体化人才培养改革与实践研究 [J]. 长沙民政职业技术学院学报，2022，29（4）：90–94.

[40] 古翠凤，张雅静.多中心治理理论视域下高职院校校企双元育人保障机制研究 [J]. 教育与职业，2023（3）：21–28.

[41] 赵媛媛."一核一带一区"背景下广东高职院校人才培养模式和校企联建形式短板分析 [J]. 湖北开放职业学院学报，2023，36（2）：23–25.

[42] 刘竹."双高"背景下高职校企"双元"育人模式的本土化研究：以长沙商贸旅游职业技术学院为例 [J]. 湖北开放职业学院学报，2023，36（2）：29-30，39.

[43] 蒋晶晶."1+X"证书制度下跨境电商人才产教融合培养研究 [J]. 广东轻工职业技术学院学报，2022，21（6）：64-68.

[44] 范鲁娜. 产教融合背景下高职院校计算机专业人才培养探析 [J]. 科技风，2022（36）：40-42.

[45] 高洪雨，高广玲，李卓越，等. 高职院校人才培养质量评价体系构建探析 [J]. 山东电力高等专科学校学报，2022，25（6）：60-62.

[46] 王小芳，孔祥威，高尧，等."双高"背景下高职院校校企合作模式探究：以光电制造与应用技术专业群为例 [J]. 浙江工贸职业技术学院学报，2022，22（4）：23-26.

[47] 李丰. 山西高职大数据人才培养：现状、问题及对策 [J]. 九江职业技术学院学报，2022（4）：63-69.

[48] 兰琳，解为，杨志慧，等. 高职校企合作教材开发模式的研究与思考 [J]. 长沙航空职业技术学院学报，2022，22（4）：47-51.

[49] 张继玲，吴萌，成玉婷，等. 高职院校生物制药技术专业现代学徒制人才培养模式的探索与实践 [J]. 吉林省教育学院学报，2022，38（12）：51-54.

[50] 蒋丽霞. 文旅融合背景下校企合作共育非遗人才新模式研究与实践：以嘉兴职业技术学院为例 [J]. 河北职业教育，2022，6（6）：46-51.

[51] 黎明. 高职院构建产教融合创新平台的探索与实践：以广东邮电职业技术学院省级重点平台建设为例 [J]. 湖南工业职业技术学院学报，2022，22（6）：127-132.

[52] 吴龙生，师相永，赵延春．高质量发展引领下高职应用型人才培养模式研究 [J]．科教导刊，2022（35）：42-44．

[53] 李中亮．"双高计划"建设的保障困境与完善策略研究 [J]．武汉职业技术学院学报，2022，21（6）：10-16．

[54] 周妍．"双高计划"背景下工程造价专业实施现代学徒制的现状及完善路径研究 [J]．科技风，2022（34）：13-15．

[55] 卫排锋，余晓毅．高职院校电梯特种设备专业现代学徒制实施路径探索与实践 [J]．中国教育技术装备，2021（21）：117-119．

[56] 王慧．高职物流专业实施"1+X"证书制度的困境与对策 [J]．物流科技，2022，45（19）：182-184．

[57] 韩洲雄，邵华，齐卫军，等．物流管理现代学徒制人才培养模式的实践与探索 [J]．陕西青年职业学院学报，2022（4）：29-33，41．

[58] 杨懿，宋立丹．校企深度融合创新人才培养路径探析：以电子信息类人才培养为例 [J]．邢台职业技术学院学报，2022，39（5）：30-33，45．

[59] 徐菁，曹二玲，郑天竹，等．基于黄炎培产教融合思想的当代高职校企协同育人策略 [J]．邢台职业技术学院学报，2022，39（5）：38-40，51．

[60] 石彬，袁成基，张书馨．基于真账实训的校企协同育人模式研究：以云南财经职业学院为例 [J]．中外企业文化，2022（10）：214-216．

[61] 刘耀宁，陶飞羽，刘雪君．产教融合、校企合作背景下高职市政工程技术专业人才培养模式研究 [J]．才智，2022（33）：167-170．

[62] 范桂松，徐婧文．高职学生"创学研结合"实践创新能力培养研究——产教融合视角下 [J]．现代商贸工业，2022，43（21）：112-114．

[63] 李伟娟. 高职院校校企合作激励机制研究 [J]. 黄河水利职业技术学院学报，2022，34（4）：70–74.

[64] 张元宝. 企业参与高职院校技能型人才培养意愿的影响机理研究：基于企业视角的实证研究 [J]. 职业技术教育，2022，43（28）：38–43.

[65] 王晖，高杉，李峰，等. 新旧动能转换背景下高职院校工业机器人专业人才培养路径：以青岛职业技术学院为例 [J]. 辽宁师专学报（自然科学版），2022，24（3）：47–51，108.

[66] 毛伟，陈宏. "双高计划"背景下高职院校高质量人才培养探究：以工业机器人技术专业为例 [J]. 现代制造技术与装备，2022，58（9）：219–224.

[67] 黄侃，刘群.1+X 证书制度下人才培养模式研究与实践：以高职信息类专业为例 [J]. 新疆职业教育研究，2022，13（3）：35–38.

[68] 许平友，李冬霞. 高职扩招背景下人才培养的实践与探索：以常州机电职业技术学院为例 [J]. 辽宁农业职业技术学院学报，2022，24（5）：55–59.

[69] 任萍丽，陈松，都萌. 产教融合视域下高职院校现代工匠人才培养研究 [J]. 哈尔滨职业技术学院学报，2022（5）：5–8.

[70] 董湛，陈宁华，黄键. 基于"校企双导师制"的数字媒体技术专业人才培养模式探究：以福建幼儿师范高等专科学校为例 [J]. 太原城市职业技术学院学报，2022（8）：144–146.

[71] 颜钰婷，王北一，陈亦南. 基于企业命题赛探究高职院校创新创业教育"产、教、赛、创"四位一体的育人模式 [J]. 创新与创业教育，2022，13（4）：120–126.

[72] 张伟斌. 五年制高职校全面提升人才培养质量的实践与探索 [J]. 江

苏教育研究，2022（Z6）：80-84.

[73] 姚祎. 多证融合、书证融通的高职财会人才培养路径探究 [J]. 福建技术师范学院学报，2022，40（4）：458-463.

[74] 张梓逸. 校企协同育人模式下高职学前教育专业课岗证融合人才的培养 [J]. 人才资源开发，2022（17）：90-91.

[75] 佟昕. 高职院校校企合作"双元"育人机制分析：以辽宁省为例 [J]. 辽宁经济管理干部学院学报，2022（4）：98-100.

[76] 樊宏伟，刘菊泉. 产教融合背景下高职院校人才培养的探索实践：以克拉玛依职业技术学院钻井技术专业为例 [J]. 承德石油高等专科学校学报，2022，24（4）：58-62，75.

[77] 郑帅. 饲料企业为主体的校企合作人才培养模式发展研究 [J]. 中国饲料，2022（14）：90-93.

结　语

　　教育是百年大计，是民族振兴之根本。我国具有悠久的教育历史，自 2000 多年前孔子开私塾开始，教育事业便在华夏大地"生根发芽"、蓬勃发展。中华人民共和国成立以来，党中央将教育事业置于比以往任何时期都更加重要的战略位置。进入社会主义现代化新时代，我国不断深化教育改革，优化高职教育改革规划，为社会培养出一批又一批的优秀专业技术型人才。不过随着时代不断发展，我们在高职人才培养领域仍然有比较长的路要走。

　　如今的高职教育要求在立德树人的基础上，更加强调技术性与职业性的办学宗旨，要有更加明确的指向性，以社会需求为人才培养的导向。产教融合是培养专业化技术型人才的根本之策，新时代高职教育需从产教融合角度优化专业布局、调整人才培养方案。政府要以产教融合、校企合作为突破口，引导高职院校主动服务于产业发展；以服务新产业、新业态、新技术为导向，建设一批特色鲜明的应用型院校，围绕产业链、创新链设置与调整学科专业。产教融合作为应对第四次产业革命，适应高端智能制造、"中国制造 2025"紧迫需求的育人举措，在"双一流"大学及特色专业群建设、中国特色高水平高职院校和专业群建设，以及新工科教育改革中，无疑更应全面深化探索。在高等职业教育改革发展不断深化的时代背景下，针对我国目前高职教育的现实情况，我们仍然需要对产教融合、校企合作协同育人模式进行更加深入的探索与实践。要优化社会服务与技术培训，推动国际交流与合作，共筑协同育人新平台。